끝없는 끝을 향한 전쟁

코로나19 현장의 기록

끝없는 끝을 향한 전쟁

JTBC 코로나19 취재팀 지음

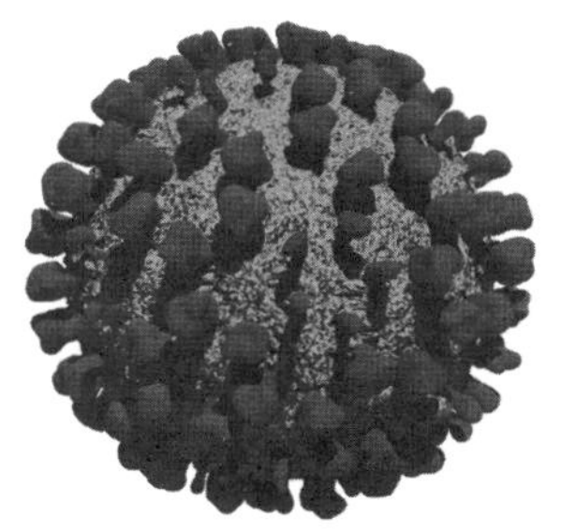

추천사 1

코로나19는 어떤 감염병보다 강력했습니다. 주무부처인 보건복지부 차관으로 매일 브리핑을 하며 매달렸습니다. 앞이 캄캄할 때도 있었습니다. 조금은 마음을 놓아도 되지 않을까 하는 생각이 들 때도 있었습니다. 하지만 한시도 긴장의 끈을 풀 수는 없었습니다. 그만큼 빠르고 강했기 때문입니다.

식품의약품안전처로 자리를 옮긴 뒤에는 백신 개발을 지원하고 살펴보는 게 주요한 업무 중 하나였습니다. 코로나19 바이러스와 치열한 싸움을 벌이고 있는 와중에 우리가 가질 수 있는 가장 강력한 무기이기도 했습니다.

우리 언론들도 열심히 취재를 했습니다. 집단감염이 나오는 곳에서는 왜 그런 건지 원인을 찾고 지적했습니다. JTBC 정책부 기자들도 그랬습니다. 항상 현장에 제일 먼저 달려갔고, 깊이 있게 취재했던 모습들이 기억이 납니다.

그래서 이번 책은 의미가 남다릅니다. 현장에서 치열하게 취재하고 보고 듣고 고민한 내용이 그대로 녹아 있습니다. 지난해 1년의 기록이지만 코로나19의 시작부터 잘 정리돼 있습니다. 여러 차례 반복된 유행의 이유와 우리가 함께 되돌아봐야 하는 것들도 촘촘하게 녹아 있습니다.

다시 코로나19 재확산을 목전에 둔 지금, 우리 앞에 놓인 숙제는 무엇인지도 정리돼 있습니다. 변이에 변이를 거듭하는 바이러스의 특성, 지속가능한 일상회복을 위한 제안은 이 책이 왜 의미를 갖는지를 설명하고 있습니다.

코로나19 바이러스의 특성상 쉽게 없어지지 않을 것입니다. 현장의 취재 경험을 기록한 이 책이 강력한 바이러스와 싸우는 소중한 길잡이가 될 것으로 기대합니다. 이런 소중한 기록을 남겨준 JTBC 코로나19 취재팀 기자들에게 감사한 마음을 전합니다.

- 김강립(세계보건기구 집행이사회 부의장)

추천사 2

사실을 취재해 대중에게 알리는 저널리스트로서의 사명에 충실한 이 책은, 지난해 한 해 동안 JTBC 정책부 기자들의 코로나19에 대한 기록입니다. 특히, 앞부분인 한국의 코로나 방역에 대한 충실한 기술은 저널리스트들이 코로나19에 대한 일련의 사건들을 충실히 기록했다는 매우 중요한 의미를 지니고 있습니다. 코로나 19에 대한 정부의 대응, 전 세계적 확산, 대중의 방역 실천 등 짧은 시간동안 숨 가쁘게 일어났던 일련의 사건들을 기자의 시각에서 꼼꼼히 기록해 독자들의 기억을 소환 시키면서, 동시에 독자들이 무심코 지나쳤던 사건들마저 곱씹어 볼 수 있는 기회를 마련해 주고 있습니다.

매일 나오는 이슈를 정확히 보도하고 전달하는 것이 저널리스트의 모든 사명이라고 생각할 수 있지만, 이 책의 저자들처럼 지나온 사건을 돌아보며 정리하고 큰 그림을 그려주는 것 또한 저널리스트들의 중요한 사회적 역할이기도 합니다. 그런 의미에서 이 책은 감염병 전문가나 관련된 어떤 분야의 학자가 쓴 코로나19 바이러스에 대한 저작물들과 차별될 수 있는 코로나19 바이러스 기록물(크로니클, Chronicle)이라고 할 수 있습니다.

기자인 저자들의 시각은 과학적, 사회적, 정치적, 혹은 개인적으로 중요한 질문들을 적절하고 명료하게 풀어내고 있습니다. 아마도 숙련된 기자의 눈은 코로나19 바이러스의 문제를 단순한 의료나 과학의 문제가 아닌 사회적, 정치적, 경제적, 혹은 전 세계 시민의 휴머니즘에 대한 문제라는 것을 간파하고 그러한 전제하에 문제를 통찰적으로 기억하고 분석해

냄으로써 유용하면서도 명쾌한 질문을 던질 수 있었던 것이 아닐까 생각합니다. 저자들은 날카로운 질문을 통해 지난 2년간 코로나19를 통해 한국 사회가 겪었던 문제점들을 지적하고 있으며 이러한 질문들은 많은 시사점을 주고 있습니다.

특히 이 책의 문단들에 숨어 있는 JTBC 정책부 기자들의 고민들은 독자들에게 그동안 자주 볼 수 없었던 기자들의 뉴스 생산이나 정보 전달 과정에 대한 다양한 에피소드들을 보여주고 있습니다. 한국 사회의 많은 기자들이 도매급으로 가짜뉴스나 말초적인 뉴스만을 추구한다는 비판을 받고 있는 잘못된 현실에 대해, 코로나19를 취재하면서 겪었던 정부나 전문가 취재 에피소드들에 대한 설명은 기자들의 고민을 자세하고 알기 쉽게 알려주고 있습니다. 저자들의 이러한 노력은 독자들로 하여금 한국 언론의 중심을 지켜주는 많은 기자들이 존재하고 있고 그들이 어떤 고민을 하고 있는지를 보여주고 있습니다.

이 책의 중요한 장점들 중의 하나는 기자의 고민과 경험을 통한 문제의식을 각각의 단원에 녹여 내고 있어 코로나19를 취재하는 과정을 독자들이 생생하게 그려볼 수 있다는 것입니다. 사실 과학의 문제를 대중이 이해할 수 있게 쉽게 풀어낸다는 것은 매우 어려운 일입니다. 숙련된 과학자들의 매우 복잡한 과학에 대한 설명을 일반 대중에 이해할 수 있는 단어와 호흡이 짧은 문장으로 기사를 통해 설명한다는 것은 저자들과 같은 숙련된 기자들이 아니면 할 수 없는 일입니다. 더군다나 이처럼 책으로 코로나19라는 복잡한 전대미문의 감염병을 글로 정리했다는 것에 경의를 표하며 이 책을 추천합니다.

- 윤기웅(미국 네바다주립대 레이놀즈 저널리즘 스쿨 부학장)

서문 1

2020년 12월 7일. JTBC 정책부(당시 정책팀) 부서장으로 첫 업무를 시작했습니다. 동료 선후배들이 눈코 뜰 새 없이 바쁘게 취재하고 뉴스를 만들던 바로 그 자리에 들어가게 된 겁니다. 연수기간 동안 미국에서 코로나를 처음 접했습니다. 그리고 한국에 돌아왔을 땐 2차 유행의 여운이 채 가시기 전이었습니다. 20여 년의 기자 생활 대부분 경력이 경찰과 법조였던 탓에 두려운 마음이 앞섰습니다. 별거 없으니 하던 대로 취재만 하자고도 생각했습니다. 아무리 열심히 취재를 하고 기사를 써봐야 잡을 수 없는 감염병이지만 뭔가 해보겠다는 호기로운 마음도 있었습니다.

첫날부터 뉴스룸의 제일 윗부분을 매일 책임져야 했습니다. 홀덤펍은 물론 교회 등 여기저기서 터져 나오는 집단감염에 우리 후배들은 정신없이 현장으로 달려갔습니다. 왜 그럴 수밖에 없었는지, 막을 수는 없었는지, 구조적인 문제는 무엇이었는지 함께 고민하고 취재했습니다.

요양병원에서는 속절없이 중증 환자들이 숨졌습니다. 사회적 거리두기 단계는 높아졌고 자영업자의 시름은 더 깊어졌습니다. 그래도 한 줄기 희망의 빛은 있었습니다. 바로 백신이었죠. 물론 도입 초기에 왜 더 빨리, 더 많이 도입하지 못했는지 지적도 많았습니다. JTBC도 열심히 취재하고 열심히 보도했습니다. 다행히 백신을 들여와서 2021년 2월 접종이 시작됐습니다. 그렇게 코로나가 끝나지 않을까 하는 기대감도 있었습니다.

유행이 조금 잠잠해졌을 땐 부서원 모두 같이 머리를 맞대고 또 다른 확산을 막기 위해 무엇을 해야 하는지에 집중했습니다. 그렇게 정부의 정책을 취재하고 전문가들을 만나며 취재한 내용을 바탕으로 제안도 했습니다. 그래서 정책에 반영되면 작으나마 도움이 됐다는 생각에 뿌듯하기도 했습니다.

끝나줄 것만 같았던 코로나는 다시 고개를 들었습니다. 2021년 6월부터 4차 유행이 시작된 겁니다. 백신 접종과 함께 느슨해진 방역의식, 그리고 3차 확산세가 다소 줄어들면서 거리두기 단계를 낮춘 여파가 결국 부메랑이 됐습니다. 델타 변이까지 더해지며 치명률과 전파력 모두 높아졌습니다. JTBC 정책부는 다시 바빠졌습니다. 유행 때마다 문제가 됐던 모습은 여지없이 또 나왔습니다. 사람이 많이 모이는 곳에선 집단감염이 나왔습니다. 하지 말라는 걸 지키지 않은 곳에서도 그랬습니다.

그렇게 이듬해인 2021년 12월까지 1년여의 시간을 코로나 유행의 파고 한복판에 있었습니다. 이제는 괜찮아지겠지 하는 희망을 가졌지만 오미크론 변이가 다시 나타났습니다. 몇백, 몇천 명이 아니라 몇만 명 수준으로 확진자가 크게 늘었습니다. 기존 방역체계로는 이미 감당하기 힘든 수준이었습니다. 다행히 치명률이 낮아지면서 조금씩 일상으로 돌아왔습니다. 코로나19, 역시 질긴 놈인가 봅니다. 그래도 아직 끝날 기미가 없습니다. 조금씩 다시 번질 조짐을 보이고 있습니다.

감염병은 변이와의 끊임없는 싸움이라고 합니다. 접촉을 줄이고 백신을 접종하며 막으려 하지만 바이러스는 계속 모습을 바꾸며 살아남기 위해 발버둥 칩니다. 그 과정에서 많은 사람의 목숨을 빼앗기보단 많은 사람에게 더 빨리 옮겨가는 방식을 보통 택합니다. 그래서 이른바 '잃어버린 2년 동안' 익숙해진 우리들은 이제는 괜찮겠지라고 생각할 수 있습니다. 백신도 2번, 3번씩 맞은 사람들이 많기 때문에 더 그럴 수 있겠지요. 방심하면 안 됩니다. 잠깐 사이에 더 큰 6차 유행이 올 수 있습니다. 한 번 걸렸다고 두 번째는 괜찮겠지란 생각도 안 통할 거란 연구결과도 많습니다.

그래서 이 책이 조금이나마 도움이 됐으면 합니다. 저와 함께 현장에서 부대끼며 취재일선을 누빈 후배들과 보고, 듣고, 느낀 것이 감염병을 막는데 필요한 작은 방향이라도 보여줄 수 있기를 바랍니다. 그런 절실한 마음을 담아 저와 저희 부서원이 JTBC 정책부 1년 동안의 경험을 한 자 한 자 꾹꾹 눌러 썼습니다.

《끝없는 끝을 향한 전쟁》을 무사히 마칠 수 있게 정책부에서 기꺼이 저와 함께해준 후배들에게 먼저 감사함을 표합니다. 항상 조언을 아끼지 않은 선배들께도 머리를 숙입니다. 그리고 사랑하는 아내와 딸 윤지, 양가 부모님과 형제들에게 고마운 마음을 전합니다.

- 조택수 기자

서문 2

코로나19가 발생한 지 어느덧 3년째를 맞고 있습니다. 전대미문의 감염병은 그동안 우리 일상을 송두리째 바꾸며 삶과 인생을 변화시켰습니다. 그리고 2022년 꽃 피는 봄과 함께 기다리던 일상 회복이 시작됐지만 곳곳에는 여전히 코로나19의 그림자가 드리워져 있습니다. 백신과 치료제를 확보한 지금도 매일 새로운 확진자가 나오고 병실에서는 생명이 꺼지고 있습니다. 맞습니다. 코로나19와의 전쟁은 결코 끝날 때까지 끝난 게 아닙니다.

우리는 여전히 코로나19를 잘 모릅니다. 다만 코로나19가 인류 역사상 최악의 전염병 중 하나라는 점과 아무리 정교한 방역 대책을 세워도 코로나19를 완벽히 막을 수 없다는 점은 분명합니다. 전 세계에서 가장 짧은 시간 동안 가장 많은 사람을 감염시켰고 변신을 거듭하며 인류의 대항 무기인 백신마저 무력화시키고 있습니다. 코로나19는 그만큼 변화무쌍하고 교활한 바이러스입니다. 상상을 뛰어넘으며 언제나 그 이상을 보여줬습니다.

나는 JTBC 정책부 기자로서 이 코로나19를 다뤄야 했습니다. 하루하루가 전쟁이었습니다. 매일 질병관리청과 보건복지부 정례브리핑을 챙기고 감염병 전문가들에게 의견을 물었습니다. 해외 논문을 포함해 각종 자료를 뒤졌고 현장도 부지런히 다녔습니다. 하지만 항상 부족했습니다. 19년 차 기자 생활에서 많은 일들을 겪었지만 이번만큼 한계를 느낀 적은 없습니다. 초기에 하루 수십 명이던 확진자는 62만 명까지 치솟았고 매일 새로운 사건이 터져 나왔습니다. 거리두기를 포함한 방역 정책은 보름이 멀다하고 바뀌었습니다. 의료현장의 사투와 죽음의 서사를 반복해서 전해야 했습니다. 그것은 힘든 일이었습니다. 육체적으로도 힘들었지만 사람들의 절망과 죽음은 도무지 익숙해지지 않았습니다. 팩트를 발굴하고 확인하는 것과 동시에 한 걸음 더 들어간 뉴스를 위한 분석도 필요했습니다.

그래도 힘든 상황 속에서 몇 가지 규칙을 지키기 위해 노력했습니다. 1) 내가 모르는 내용은 시청자들에게 전하지 않는다. 2) 밝혀진 것과 밝혀지지 않는 것을 명확하게 구분한다. 3) 취재된 정보는 크로스 체크를 통해 사실 여부를 확인한다. 4) 감염병이 불러온 혐오와 차별을 막고 약자의 입장에서 바라본다. 5) 겸손과 경청을 바탕으로 인간에 대한 희망을 잃지 않는다.

이 책은 이러한 규칙을 바탕으로 코로나19와 대항했던 취재현장의 기록입니다. 코로나19의 시작과 전파, 확산, 위기의 순간을 다뤘습니다. 그리고 우리 사회의 대응과 변화를 기록했습니다. 마스크 대란과 백신 도입, 사회적 거리두기, 방역패스, 엔데믹 전환 등 코로나19의 결정적 순간들을 어려운 행정용어 대신 독자들이 이해하기 쉬운 언어로 전달하고자 노력했습니다. 또 방역과 일상 회복이라는 줄다리기 속에서 이뤄진 코로나19 관련 정책들을 평가하고 방송에서는 전하지 못한 뒷이야기도 담았습니다.

또한 이 책은 기자로서 부끄러움의 기록입니다. 사스와 메르스를 겪으며 감염병 취재에 나름 자신감을 가졌고 감염병에 대한 이해를 쌓아왔다고 생각했지만 코로나19는 매번 예측과 예상을 뛰어넘으며 제 세계를 무너뜨렸습니다. 이 책은 코로나19를 겪으며 깡그리 무너진 취재 세계를 바로 잡고 코로나19를 해부해 앞으로 마주칠 수 있는 또 다른 위기에 맞서겠다는 목표로 시작했습니다. 다만 책을 쓰는 순간순간 여전히 부끄러움을 느낍니다. 하지만 기록의 힘을 믿기에 다시 이렇게 용기를 내어 펜을 듭니다.

거리두기와 실외 마스크 폐지를 시작으로 일상 회복은 차츰 제자리를 찾아가는 듯 보입니다. 하지만 다시 한번 강조해야 할 것은 바이러스는 결코 사라지지 않는다는 점입니다. 코로나19 역시 백신과 치료제가 나왔지만 동화 같은 결말은 없습니다. 2년 동안 벌써 수많은 변이가 쏟아졌고 현재도 계속되고 있습니다. 바이러스에게 돌연변이는 숙명이자 생존전략입니다.

우리는 이제 막 코로나19를 이해하기 시작했고 팬데믹을 일으킬 제2, 제3의 코로나19는 언제, 어디서든 다시 나올 수 있습니다. 그리고 그 청구서는 그동안 우리 사회가 치른 비용보다 훨씬 더 끔찍하고 커다랄 수 있습니다. 우리가 막 코로나19를 겪어냈다고 해서 다른 팬데믹이 발생할 가능성이 늘거나 줄지도 않습니다. 우리는 지치면 안 됩니다. 결국 끝없는 끝을 향한 전쟁입니다.

- 이한주 기자

목차

3 코로나19는 우리 삶을 어떻게 변화시켰나

4 코로나19가 만든 비극

5 방역과 일상 사이 '줄타기'…사회적 거리두기

6 코로나19 대항 'K방역'의 빛과 그림자

7 인류의 반격-백신과 치료제 개발

8 코로나19 백신 선택인가? 필수인가?

12 변이의 역습-델타부터 오미크론, BA.5까지

13 '엔데믹' 전환을 향한 전략과 현실

14 "코로나19가 끝이 아니다"- 인류를 위협하는 인수공통 감염병

15 코로나19가 남긴 숙제들… 지구는 일회용품이 아니다

1

정체 모를 바이러스의 기습

1

중국 우한에서 시작한 정체불명의 괴질

시작은 정체불명의 집단 폐렴 증상이었습니다. 2019년 12월 중국 허베이성 우한시에서 갑자기 병원마다 같은 증상의 환자들이 몰려들기 시작했습니다. 환자들은 하나같이 발열과 기침, 근육통을 호소하다 폐렴으로 악화했습니다. 하지만 특별한 원인을 찾을 수 없었고 기존의 호흡기 질병 관련 치료제도 듣지 않았습니다. 초기 환자를 돌본 중국 의료진이 발표한 논문에 따르면 2019년 12월 16일부터 2020년 1월 2일 사이 같은 증상을 보인 41명의 입원 환자 가운데 13명(32%)이 중환자실로 실려갔고 6명(15%)이 숨졌습니다. 사스SARS와 메르스MERS에 이어 또다시 높은 감염력과 치명률을 지닌 전염병이 등장한 겁니다.

심각성을 느낀 우한시는 2019년 마지막 날인 31일 초기역학조사 결과 환자들의 연결고리로 지목된 화난수산시장을 폐쇄했지만 이미 때는 늦었습니다. 환자들은 기하급수적으로 번져나갔고 중국 당국은 결국 2020년 1월 23일 인구 1,100만 명의 우한시에 봉쇄령을 내렸습니다.

우한시를 떠나는 모든 항공편과 기차, 장거리 버스 운행이 중단됐고 시내 역시 지하철을 포함한 대중교통마저 끊겼습니다. 당시 우한에 사는 한국 교민이 제보한 사진과 영상 속에는 당시의 혼돈이 그대로 담겨 있었습니다. 주민들은 두 달 넘게 집 밖으로 한 걸음도 나갈 수 없게 됐고 모든 생필품은 배급을 통해서만 가능했습니다. 극심한 스트레스에 참다못한 주민들은 매일 밤마다 비명을 질렀습니다.

중국 당국의 이런 엄격한 통제에도 불구하고 전염병은 막을 수 없었습니다. 늘어나는 환자는 순식간에 감당할 수 있는 수준을 벗어났습니다. 이미 중국을 넘어 전 세계로 걷잡을 수 없이 퍼지기 시작한 상태였습니다. 결국 세계보건기구인 WHO는 2019년 12월 31일 처음으로 집단감염을 보고받은 뒤 한 달 만인 2020년 1월 30일 국제적 공중보건 비상사태를 선포하고 국제사회의 공동 대응을 요청했습니다. 이어 3월 11일 감염병 경보를 가장 높은 6단계로 상향 조정하며 1968년 홍콩독감과 2009년 신종플루에 이은 세 번째 범유행전염병(팬데믹)으로 선언했습니다.

발병 초기 '우한 폐렴'이라고도 불렸던 이 질병은 이후 특정 지역이 병원균 소굴로 낙인찍히는 것을 막고 차별을 금지하는 WHO의 원칙에 따라 공식 명칭이 'Coronavirus Disease 2019'로 정해졌습니다. 우리가 알고 있는 COVID-19 즉 코로나19입니다. CO는 코로나Corona, VI는 바이러스Virus, D는 질환Disease의 첫 글자이고 숫자 19는 바이러스가 처음 발병된 2019년을 의미합니다. 참고로 원래 이름인 '코로나'란 라틴어로 왕관이라는 뜻입니다. 심장을 둘러싼 혈관이 왕관처럼 생겼다고 붙여진 관상동맥coronary artery처럼 바이러스를 둘러싼 뾰족한 돌기(스파이크 단백질)들이 마치 왕관처럼 보인다고 해서 이름이 붙여졌습니다.

자료사진 코로나19 의심환자를 진료하는 중국 의료진(출처:위키코넌스), 중국 우한에서 발생한 코로나19 의심환자 관련 논문(출처:란셋)

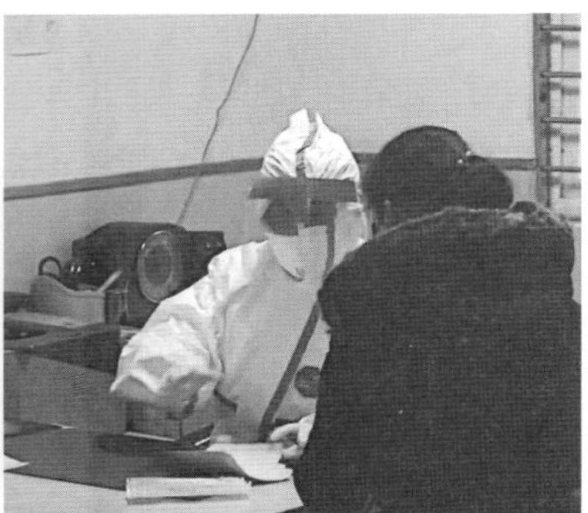

Clinical features of patients infected with 2019 novel coronavirus in Wuhan, China

Chaolin Huang, Yeming Wang*, Xingwang Li*, Lili Ren*, Jianping Zhao*, Yi Hu*, Li Zhang, Guohui Fan, Jiuyang Xu, Xiaoying Gu, Zhenshun Cheng, Ting Yu, Jiaan Xia, Yuan Wei, Wenjuan Wu, Xuelei Xie, Wen Yin, Hui Li, Min Liu, Yan Xiao, Hong Gao, Li Guo, Jungang Xie, Guangfa Wang, Rongmeng Jiang, Zhancheng Gao, Qi Jin, Jianwei Wang†, Bin Cao†*

Summary

Background A recent cluster of pneumonia cases in Wuhan, China, was caused by a novel betacoronavirus, the 2019 novel coronavirus (2019-nCoV). We report the epidemiological, clinical, laboratory, and radiological characteristics and treatment and clinical outcomes of these patients.

Methods All patients with suspected 2019-nCoV were admitted to a designated hospital in Wuhan. We prospectively collected and analysed data on patients with laboratory-confirmed 2019-nCoV infection by real-time RT-PCR and next-generation sequencing. Data were obtained with standardised data collection forms shared by WHO and the International Severe Acute Respiratory and Emerging Infection Consortium from electronic medical records. Researchers also directly communicated with patients or their families to ascertain epidemiological and symptom data. Outcomes were also compared between patients who had been admitted to the intensive care unit (ICU) and those who had not.

Lancet 2020; 395: 497–506

Published Online January 24, 2020 https://doi.org/10.1016/S0140-6736(20)30183-5

This online publication has been corrected. The corrected version first appeared at thelancet.com on January 30, 2020

See Comment pages 469 and 470

*Contributed equally

2

발병 3주 만에 한국 전파…
막을 수 없는 확산

"중국발 신종 코로나19 바이러스에 감염된 환자가 국내에서 처음으로 나왔습니다. 첫 발병이 확인된 지 3주 만에 태국과 일본에 이어 우리나라까지 파고들었습니다." 2020년 1월 20일 JTBC 뉴스룸에서 첫 소식으로 전한 리포트입니다. 국내 첫 환자는 중국 우한에서 관광을 하기 위해 19일 인천공항을 통해 입국한 35살 중국 여성이었습니다. 우리나라와 일본을 여행한 뒤 중국으로 돌아갈 예정이었지만 입국 당시 고열 증상을 보여 곧바로 격리됐습니다.

하지만 이 여성은 실제로는 격리대상이 아니었습니다. 당시 19 환자를 확인하기 위한 사례 정의에 따르면 코로나19 유증상자는 우한시를 다녀온 후 14일 안에 발열뿐 아니라 기침 등 호흡기 증상이 같이 나타나야 했지만 열만 날 뿐 호흡기 증상은 없었던 겁니다. 이 여성 역시 검역대에서 자신의 폐 엑스레이 사진을 내밀며 단순 감기일 뿐이라고 주장했습니다. 원칙대로라면 입국을 막을 방법이 없던 겁니다.

그렇지만 노련한 현장 검역관은 여성이 정밀검사를 받도록 적극 대응했고 곧바로 병원으로 이송됐습니다. 그리고 그 노련함은 틀리지 않았습니다. 정밀 진단 결과 이 여성이 국내 처음으로 코로나19 확진자로 확인된 겁니다. 만약 이 여성이 격리되지 않고 일정대로 여행을 다녔다면 국내는 물론 일본까지 코로나19가 더 빠르게 확산되며 초기혼란이 더 커졌을 겁니다.

다만 첫 확진자의 국내 입국을 막은 보람도 잠시 22일 곧바로 두 번째 환자에 이어 세 번째, 네 번째 환자가 이어지며 방어선은 그렇게 무너졌습니다. 그리고 2월에는 대구 신천지교회 신도인 '31번째 확진자'를 시작으로 대규모 집단감염이 발생했습니다. 신천지 사태에서는 하루 최대 909명의 확진자가 나왔고 곧바로 대규모 지역사회로 퍼져나갔습니다. 1차 유행의 시작입니다.

다른 나라도 사정은 다르지 않았습니다. 코로나19는 발생 초기 중국과 우리나라를 비롯한 이란, 이탈리아 등을 중심으로 확산됐고 이후 3월부터는 스페인과 독일, 프랑스 등 유럽 전역과 미국 등 전 세계로 퍼지기 시작했고 3월 말에는 지구 모든 대륙, 대부분의 국가로 확산되며 대유행의 물결이 현재까지 이어지고 있습니다.

자료사진 국내 코로나19 첫 확진자를 보도하는 JTBC뉴스(출처:JTBC뉴스룸)

3

코로나19는 얼마나 많은 사람을, 얼마나 빨리 감염시켰나?

코로나19는 전 지구촌을 집어삼킨 21세기 최악의 전염병입니다. 인류 역사상 가장 빨리 퍼진 바이러스이기도 합니다. 전염병은 언제나 예기치 않게 갑자기 찾아왔고 예상을 뛰어넘어 퍼졌지만 코로나19는 유독 심각합니다. 확인된 누적 확진자는 2022년 4월 기준으로 5억 명을 돌파했습니다. 중국 우한에서 첫 환자가 보고된 지 2년 3개월 만입니다. 세계 인구의 6%가 넘는 규모이고 사망자 역시 6백만 명을 넘어섰습니다.

중세시대 유럽을 멸망 직전까지 끌고 갔던 흑사병(누적 사망 2억 명)과 20세기 초반 스페인독감으로 숨진 사망자 숫자(누적 사망 5천만 명)보다는 적지만 당시에는 치료제가 없었다는 점과 의료기술 발달을 시대보정하면 팬데믹 가운데 코로나19가 최악의 전염병이라고 해도 과언이 아닐 겁니다.

코로나19가 마무리된 질병이 아니라 여전히 현재 진행형이라는 점도 감안해야 합니다. 코로나19가 단순히 인간의 목숨만을 노리는 것도 아닙니다. 인간이 쌓아놓은 세계의 질서마저 흔들고 있습니다. 대공항과 제2차 세계대전 이후 세계적으로 가장 파괴적인 사건이기도 합니다. 깊이뿐만 아니라 범위면에서도 이례적입니다. 과거와 달리 세계화와 자유무역에 의해 설계되고 작동하던 글로벌 시대에 코로나19는 경제는 물론 문화와 군사, 외교, 교육 등 우리 삶 곳곳에 심각한 타격을 줬고 그 부작용은 지금까지 이어지고 있습니다. 보건 위기를 넘어 위기가 식량과 기후, 개발 분야로 도미노처럼 확대되고 있습니다.

다만 다행스러운 것은 코로나19의 감염에 전 인류가 공동 대응에 나섰다는 점입니다. 어떻게 감염되는지도 알 수 없던 흑사병이 인류를 공포로 몰아세웠던 중세시대와 세계대전의 포화 속에 언론검열이 일상이었던 스페인독감이 유행했던 시대와 달리 우리는 코로나19 관련 정보를 실시간으로 확인할 수 있습니다. 발생 1년도 안 돼서 백신을 개발했고 치료제도 나왔습니다. 속수무책으로 당하지는 않는다는 거죠.

하지만 코로나19도 호락호락하지는 않습니다. 코로나19 역시 변이를 거듭하며 인류에 대항하고 있기 때문입니다. 결국 끝날 때까지 끝난 것이 아닙니다. 그리고 전염병과의 전쟁은 세균과 바이러스를 완전히 없애지 않는 한 끝나지 않는 끝없는 끝을 향한 전쟁입니다. 하지만 걱정하지 않으셔도 됩니다. 지칠 필요도 없습니다. 인류가 존재하는 한 위기는 항상 존재했지만 결국에는 해결해 왔으니까요. 영화 〈인터스텔라〉의 대사는 이번 전쟁에서도 유효합니다. "우리는 답을 찾을 겁니다. 늘 그랬듯이….”

자료사진 스페인독감 당시 미군이 감염된 병사들을 분리해 관리하는 모습(출처: 위키코먼스)

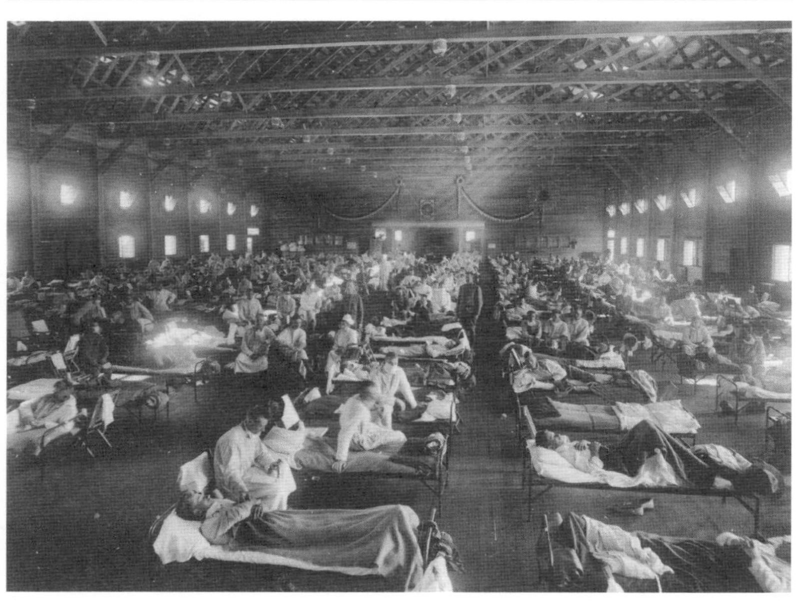

4

교활한 코로나19는 어떻게 세계를 정복했나?

코로나19는 어떻게 다른 감염병보다 빠르게 전 세계로 퍼져나간 걸까요? 이것을 알기 위해서는 코로나19가 우리 몸에 어떻게 침투하는지 알아야 합니다. 기초부터 시작해보죠. 첫걸음은 바이러스의 특성을 아는 겁니다. 세균과 바이러스 모두 감염을 일으키지만 세균과 달리 바이러스인 코로나19는 스스로 생존할 수 없습니다. 자가복제는 가능하지만 혼자서는 할 수 없기 때문에 숙주를 이용하게 됩니다. 감염을 통해 다른 생물체의 세포 안으로 침투해 자신의 DNA 또는 RNA를 복제하는 방식입니다.

코로나19는 이 숙주로 박쥐를 거쳐 사람을 선택했습니다. 공기 중에 떠다니다 호흡기를 통해 사람 몸에 들어온 뒤 체세포를 뚫고 침투합니다. 본격적인 감염의 시작입니다. 그리고 코로나19는 이 과정에서 자신의 특징을 십분 활용했습니다. 자신의 표면에 뾰족이 튀어나와 왕관corona처럼 보이는 '돌기 단백질' 즉 스파이크 단백질을 세포 안으로 들어가는 열쇠로 활용하는 겁니다. 축구화 밑바닥의 스파이크가 미끄러짐을 막아주는 것처럼, 스파이크 단백질은 사람 세포와 강하게 결합해 코로나19 바이러스의 유전물질이 세포 안으로 침투할 수 있도록 지지해줍니다. 이렇게 성공적으로 인체로 침입한 코로나19 바이러스는 곧바로 인체 내 세포가 가진 유전물질 복제 장치를 이용해 자신을 복제하기 시작합니다. 그리고 증식에 성공하게 되면 다시 세포막을 뚫고 숙주를 빠져나오면서 확산이 본격화됩니다. 이런 식으로 바이러스는 숙주세포를 자가복제 생산공장으로 이용하며 기하급수적으로 수를 늘리게 됩니다.

몸 전체로 퍼지는 데 걸리는 시간은 평균 5~7일이 걸리지만 짧으면 하루면 충분합니다. 그리고 이 과정에서 세포가 파괴되거나 변형되면서 염증 등 증상이 나타나게 됩니다. 여기까지는 코로나19 바이러스가 일반적인 바이러스와 크게 다르지 않습니다. 그렇다면 코로나19가 다른 모든 바이러스를 제치고 전 세계를 정복한 비결은 뭘까요? 코로나19가 기본적으로 감염과 전파가 쉬운 호흡기 바이러스라는 측면도 있지만 핵심은 '스텔스' 능력입니다.

코로나19는 다른 바이러스에 비해 탁월한 면역회피능력은 물론 무증상감염이라는 무기를 장착했습니다. 기존의 바이러스 감염병은 대부분 증상이 나타난 이후에나 다른 사람에게 감염이 가능했지만 코로나19는 다릅니다. 코로나19는 인후통과 발열, 몸살 등 증상이 나타나기 1~2일 전부터 감염을 일으킬 수 있는 것으로 확인됐습니다. 또 코로나19에 감염돼도 증상이 나타나지 않는 무증상 비율도 높습니다. 결국 누가 무증상 확진자인지 알 수 없고 증상이 나타나기 전이라도 감염이 가능하기 때문에 감염자는 자기도 모르는 사이에 코로나19 확산 창구 역할을 할 수 있는 겁니다. 이른바 슈퍼감염자입니다.

실제 '미국의학협회 저컬 네트워크 오픈JAMA Network Open'에는 코로나19 감염자 열 명 가운데 4명은 증상이 나타나지 않는 무증상자라는 연구 결과가 실리기도 했습니다. 특히 무증상 비율은 이동량이 많은 젊은 층일수록 높게 나타났습니다. 확진자가 많이 움직이면 움직일수록 코로나19는 더 멀리, 더 빠르게 번지게 됩니다. 여기에 빠르게 돌연변이가 나타나는 것도 확산 속도를 높이는 데 한몫했습니다.

코로나19는 알파와 베타 감마, 오미크론을 거칠수록 더 빠르게 감염자를 늘렸고 결국에는 오미크론에 이르러서 인류 역사상 가장 빠르게 퍼지는 전염병인 홍역 수준까지 전파력을 끌어올렸습니다. (이 부분은 감염재생산지수를 통해 다시 한번 다루겠습니다.) 앤서니 파우치 미국 국립알레르기·전염병연구소NIAID 소장은 "(코로나19는) 우리가 지난 100년간 거의 볼 수 없었던 특별한 형태로, 매우 교활한wily 바이러스"라면서 "처음 생겨났을 때부터, 델타에 이어 지금의 오미크론까지 모든 사람을 속여왔다"고 말했습니다.

자료사진 코로나19 바이러스 생애주기(출처: 위키코먼스)

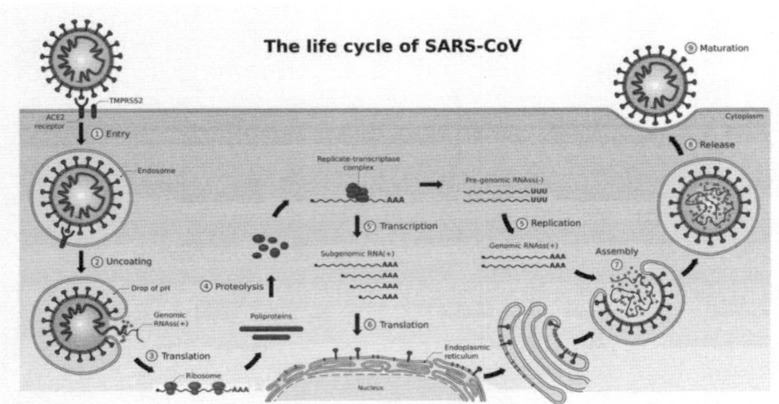

5

코로나19는 왜 악질인가?…
코로나19 바이러스의 고백

안녕하세요? 아, 이게 아닌가? 바이러스로서 안부를 묻는 인사를 드리기에는 좀 민망하군요. 예, 맞습니다. 나는 여러분들이 잘 알고 있는 코로나19 바이러스입니다. 정식으로 소개를 드리자면 SARS-CoV-2입니다. 뭐 거창한 이름은 아니고요. 전에는 '우한 폐렴 바이러스'나 '신종 코로나19 바이러스'로 불렸는데 과학자들이 요리조리 뜯어보더니 이렇게 이름을 붙였더라고요. 이전에 '사스'와 '메르스'라는 선배가 있었는데 내가 '사스' 선배랑 많이 닮았다면서 이 선배의 변종이라는 의미로 지었다고 합니다. 뭐 지금은 내가 훨씬 더 유명해졌죠?

암튼 소개가 길었는데 이미 나를 경험하신 분들도 계시겠지만 만약 운 좋게(?) 저를 피해오셨다면 조금만 기다리세요. 나는 당신을 감염시킬 겁니다. 이미 한국에서는 3명 가운데 1명꼴로 나와 만났죠. 많은 분들이 나를 피하려고 거리두기를 하고 마스크도 쓰고 소독제도 바르고 하는데 피한다고 피할 수 있는 건 아닙니다.

방역은 나와 당신이 만나는 것을 완전히 막는 것이 아니라 만남의 확률을 떨어뜨리기 위한 행동들일 뿐입니다. 그리고 이제는 방역도 좀 덜 하는 거 같더라고요. 다만 너무 걱정하지는 마세요. 감염을 시켜도 대부분 살려 드리겠다는 점을 확실히 해두겠습니다. '사스' 선배와 '메르스' 선배를 보고 배운 건데 너무 독하게 굴면 오래 못 가더라고요. 내 입장에서는 치명률을 낮추더라도 많이 퍼지는 게 유리하거든요.

그래서 만든 내 특기 중 하나가 무증상 전파입니다. 특히 젊고 건강한 사람들은 제가 몸속에 들어왔다는 사실도 잘 모를 거예요. 내가 전 세계 곳곳을 다녀보니까 나를 퍼트려줄 역할을 할 사람들 가운데 이분들을 따라갈 분들이 없더라고요. 많은 사람들이 증상이 없다 보니 내가 몸 속에 들어가도 여기저기 잘 돌아다니며 다른 친구들을 소개해주더라고요. 슈퍼 전파자라고 불리는 분들은 많게는 100명도 넘게 확산을 주선해준 분들도 있습니다. 아, 그리고 물론 내가 젊은 친구들만 만나는 건 아닙니다. 내가 또 사람을 가리는 건 아니라서요. 취약자들도 많이 만날 겁니다. 특히 나이 드는 분들과 다른 병을 갖고 계신 분들이죠. 근데 이분들은 유독 저만 만나면 갑자기 건강이 안 좋아지거나 병이 악화하는 경우가 많더라고요. 그리고 이건 비밀 아닌 비밀인데 취약자들을 죽인다고 해서 내가 멀리 퍼져나가는 데 그렇게 마이너스 요인은 아니라서요. 건강한 사람들을 이용해 멀리 퍼져나가고 취약한 사람들은 조금 더 빨리 죽음으로 이끄는 거죠.

악질이라고요? 뭐 악질이라고 화를 내도 할 말이 없긴 하네요. 나로서는 감염시킬 사람들이 많으면 많을수록 좋은 거 아니겠습니까? 당신들 입장에서는 욕이 절로 나오겠지만 내 목표 역시 인간과 다를 바 없습니다. 장수와 번영입니다. 최근 들어서 내가 잘 나가는 걸 시기하고 질투하시는 분들이 많아졌더라고요.

백신이라는 경찰을 곳곳에 배치했다는 소식 들었습니다. 처음에는 당황했는데 이제는 좀 익숙해졌네요. 그리고 아시는지 모르겠지만 나한테는 비장의 무기가 있죠. 내가 변신의 달인이라서요. 백신이라는 경찰이 곳곳에서 불신검문을 하며 나를 잡으려고 호시탐탐 노리고는 있지만 점점 더 잡기 힘들어질 겁니다. 내 이름은 벌써 알파와 베타, 델타에 이어 오미크론으로 바뀌었습니다. 앞으로 더 잡기가 힘들어질 거예요. 아까 이야기했죠. 결국 당신은 나랑 만날 수밖에 없을 겁니다. 흐흐흐.

자료사진 코로나19 바이러스 전자현미경 사진(출처: 위키코먼스)

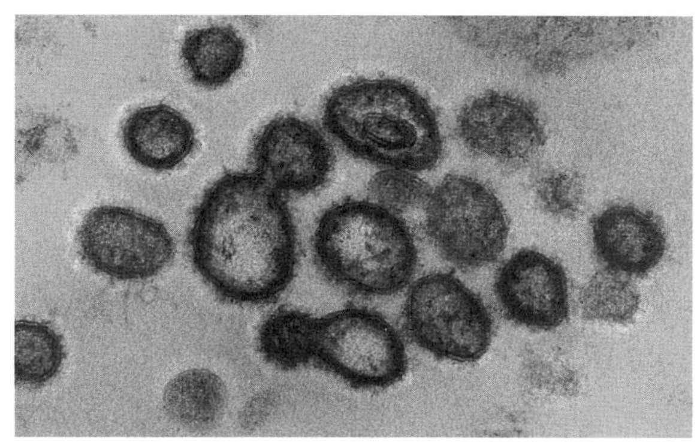

6

사스와 메르스, 그리고 코로나19…
같은 듯 다른 전염병

앞서 코로나19의 소개처럼 우리나라는 이미 두 차례 코로나19 바이러스 유행을 경험했습니다. 바로 사스와 메르스입니다. 2003년 중국과 홍콩, 대만을 중심으로 유행한 급성호흡기증후군SARS, Severe Acute Respiratory Syndrome인 사스와 중동과 우리나라를 중심으로 유행한 중동호흡기증후군MERS, Middle East Respiratory Syndrome 메르스 둘 모두 코로나19와 마찬가지로 코로나19 바이러스의 변종입니다. 모두 호흡기를 통해 감염되고 주요 증상도 비슷합니다.

사실 코로나19 바이러스 자체는 일반적인 감기 바이러스와 다를 바 없습니다. 감기 환자 10명 가운데 1명은 코로나19 바이러스에 걸리기 때문입니다. 사람코로나바이러스CoV, Human Coronavirus입니다. 문제는 동물을 숙주로 하는 코로나바이러스가 변종을 일으켜 사람에게 전염됐을 때입니다. 실제 코로나19 바이러스는 1937년 닭에서 처음 발견된 이후 주로 박쥐와 쥐 등 동물에게서만 나타나다 1967년 처음으로 사람 감염이 확인됐습니다. 동물을 중심으로 유행하던 코로나19가 변이를 일으키면서 인수공통감염병으로 변해 사람에게 넘어온 겁니다.

코로나19는 처음 인간에게 넘어왔을 때만 해도 크게 문제가 되지는 않았습니다. 하지만 얼마 가지 않아 변신을 하기 시작했습니다. 돌연변이가 나타나기 시작한 겁니다. 코로나19 바이러스는 리보핵산 구조인 RNA로 이뤄져 있다 보니 일반적인 DNA 바이러스보다 1,000배나 돌연변이 가능성이 큽니다. 동물을 숙주로 하는 코로나19 바이러스 변종이 인간에게 전염되며 더 독하고 빠르게 확산하는 고병원성으로 진화한 겁니다. 그 결과물이 2003년 사스와 2015년 메르스에 이은 2019년 코로나, 코로나19입니다.

실제 코로나19와 함께 사스나 메르스 역시 최초의 숙주로 박쥐가 지목되고 있습니다. 코로나19 바이러스의 게놈 분석 결과 중국 남부 원난성 광산에 서식하고 있는 관박쥐로부터 분리한 코로나19 바이러스와 96.2%의 유사성을 지니고 있는 것으로 나타났습니다.

다만 사스와 메르스, 코로나19가 같은 듯 다른 이유도 있습니다. 사스, 메르스, 코로나19 모두 코로나19 바이러스지만 기원한 박쥐 집단이 다릅니다. 그리고 기원 집단 따라 감염 특성도 다릅니다. 코로나19는 다른 형제들과는 달리 선천면역의 발동을 늦추면서 빠르게 증식하는 능력을 가지고 사람에게 건너왔습니다. 사스나 메르스가 병원 위주 전파로 그친 것에 비해, 코로나19는 무증상 전파를 통해 사회 전반에 빠르게 번졌습니다.

도표 사스, 메르스, 코로나19 비교표

	사스	메르스	코로나19
원인	SARS-CoV	MERS-CoV	SARS-CoV-2
총 환자 수	8,439명 (21%가 의료종사자)	2,519명	5억5천만 명(진행 중)
총 사망자 수	812명	866명	634만 명(진행 중)
치명률	9.6%	34.3%	1.18%
전파방식	대부분 호흡기 전파	대부분 호흡기 전파	대부분 호흡기 전파
주증상	기침, 발열, 설사	기침, 발열, 호흡곤란	마른기침, 발열, 호흡곤란
치료법	특정 치료법 없음	특정 치료법 없음	경구용 및 항체치료제 개발 완료
백신	없음	없음	20여 종 개발 완료

2

떼려야 떨 수 없는 코로나19

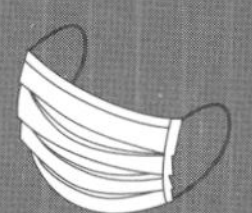

1

코로나19에 걸린 것 같다고요?…
이것부터 하세요!

단계적 일상회복이 시작됐지만 코로나19는 여전히 우리를 위협하고 있습니다. 치명률이 낮은 오미크론 변이의 등장으로 방역 패러다임이 '제로zero 코로나'에서 '위드with 코로나'로 바뀌기는 했지만 코로나19 감염은 개인에게는 일상을 멈추게 하는 중대한 사건입니다. 가볍게 앓고 지나갈 가능성이 높다고 해서 얕잡아볼 대상이 아니란 거죠. 여전히 매일 매일 사경을 헤매는 위중증 환자와 실제로 숨지는 사람이 나오는 무서운 질병입니다.

그럼 어떻게 대처해야 할까요? 지피지기면 백전백승이라는 말은 코로나19에도 적용됩니다. 우선은 내가 코로나19에 감염됐는지 확실히 아는 것이 중요합니다. 현재 유행하고 있는 오미크론 변이의 대표적인 초기 증상은 목이 간질간질하다는 겁니다. 이어 증상이 심해지면 격렬

한 염증 반응으로 목이 퉁퉁 부으며 침을 삼키기조차 힘든 통증이 나타나기도 합니다. 많은 사람들이 면도날을 삼키는 고통이라고 표현을 합니다.

이렇게 유달리 인후통 증상이 많은 것은 오미크론의 경우 폐를 공략하는 델타와 달리 목에서 주로 증상이 나타나기 때문입니다. 이밖에도 맑은 콧물과 함께 마른기침과 열이 나거나 몸살을 앓는 것도 주요 증상입니다. 증상이 나타나면 우선 빨리 검사를 받아야 합니다. 그냥 감기겠지 하면서 시간을 지체하면 주변 다른 사람에게 바이러스를 퍼트릴 가능성이 높아집니다.

실제 오미크론 전파 경로 가운데 가족 간 감염이 가장 많은 이유가 여기 있습니다. 때문에 증상이 나타나면 곧바로 주변 약국이나 편의점 신속항원검사 방식의 자가진단키트를 통해 확인해야 합니다. 여기서 양성 판정을 받으면 PCR검사(실시간 유전자 증폭검사)를 받게 되고 공식 확진 판정이 내려집니다.

자가진단키트 양성이 나와야만 PCR검사를 할 수 있는 것은 아닙니다. 만60세 이상 고령자 등 고위험군과 확진자나 재택치료 대상자와 밀접접촉한 사람, 해외입국자 등은 곧바로 PCR 검사를 받을 수 있습니다. 또 자가진단키트에서 음성이 나왔더라도 의사 소견에 따라 PCR 검사대상이 될 수도 있습니다.

자, 그럼 확진 판정을 받으면 어떻게 해야 할까요? 이때부터 격리가 시작됩니다. 검사일로부터 7일 동안 자가격리를 해야 합니다. 일주일은 바이러스가 몸 속에 머무는 평균적인 기간을 고려해 정한 기준입니니다. 코로나19 초기에는 생활치료센터가 있었지만 현재는 재택치료가 기본입니다. 증상이 있든 없든, 백신을 맞았든 안 맞았든 무조건 7일 동안 가족을 포함한 모든 사람과 거리두기를 해야 합니다. 정부는 완전한 일상 회복을 위해 이 7일간 격리를 의무로 할지 아니면 자율로 할지 논의 중이지만 격리 의무가 없어지더라도 원칙적으로는 격리를 통한 거리두기를 하는 것이 필요합니다.

자, 이제 격리 생활이 시작됐습니다. 증상이 없다면 다행이지만 만약 몸이 아프다면 어떻게 해야 할까요? 정부는 일상 회복을 진행하며 비대면 진료와 처방을 활성화했습니다. 상태가 가볍다면 전화상담과 처방만으로 충분하지만 상태가 너무 안 좋을 경우 외래진료센터에 사전 예약을 한 뒤 대면 진료를 받을 수도 있습니다. 야간에는 24시간 운영하는 의료상담센터에서 전화상담과 처방을 받을 수 있습니다. 약 제조와 전달은 모든 동네 약국에서 가능하고 전화상담 및 처방의 경우도 대리인 수령이 원칙이지만 어쩔 수 없다면 본인이 직접 받을 수 있습니다.

치료는 어떻게 이뤄질까요? 오미크론 변이는 중증으로 가는 경우가 적은 만큼 무증상이나 약하게 앓는 사람은 해열제나 감기약 등을 먹으면 2~3일 안에 대부분 낫습니다. 다만 만 60살 이상이나 기존에 다른 병을 앓아 몸 상태가 안 좋은 사람은 '집중관리군'으로 분류돼 특별관리를 받아야 합니다. 지정된 집중의료기관의 안내에 따라 매일 체온과 혈압, 맥박, 산소포화도, 혈당 등의 건강정보를 진료 지원 어플에 입력해야 합니다.

어린이의 경우 어른과 달리 인후염보다는 발열과 오한 등 전신증상이 주로 나타나는 만큼 해열제로 열을 잘 조절해주는 것이 중요합니다. 만약 약을 먹어도 차도가 없이 38도 이상으로 열이 나거나 증상이 심해지면 병원 진료를 적극적으로 활용해야 합니다. 특히 계속 가슴이 아프고 답답하거나, 손톱과 입술이 창백하고 푸르게 변하는 증상, 사람을 알아보지 못하는 상황이 이어지면 심각한 경우인 만큼 반드시 신속한 조치를 받아야 합니다. 집중관리의료기관으로 연락해 대면 진료를 받아야 하고 호흡곤란이나 의식을 잃는 응급상황에서는 곧바로 119로 연락해 구급차를 불러야 합니다.

그렇다면 치료를 위한 약은 어떤 것을 먹어야 할까요? 현재까지 나온 치료제 가운데 항체치료제처럼 입원을 통해 처방받는 치료제를 제외한 먹는 치료제는 화이자사의 '팍스로비드'와 머크사의 '라게브리오' 두 개뿐입니다. 다만 두 치료제 모두 중증환자를 낫게 하는 효과보다는 중증으로 악화할 가능성이 있는 환자에게 처방하는 용도로 쓰입니다. 팍스로비드의 경우 임상시험에서 입원과 사망 예방효과가 88%에 달했지만 진통제와 항협심증제 등 특정한 약을 먹고 있는 환자에게는 처방할 수 없고 신장과 간 기능이 떨어진 사람도 복용에 주의해야 하는 등 사용이 까다롭습니다.

라게브리오는 함께 먹으면 안 되는 의약품이 없어 처방이 수월하지만 입원과 사망 예방효과가 30%에 불과합니다. 이 두 약이 아니면 다른 일반적인 약들은 모두 코로나19 직접 치료가 아닌 코로나19가 가져온 증상을 줄이는 '대증치료'를 위한 용도입니다. 감기약과 해열제를 먹는 것은 세균에 의한 2차 감염을 막고 염증을 줄이면서 몸의 자연 회복을 돕기 위해서입니다. 다행히 증상이 가라앉고 격리기간도 무사히 지나갔다면 이후에는 무엇을 해야 할까요? 완벽히 회복되면 좋겠지만 증상이 남아 있는 경우도 대개 한 달 정도면 사라집니다. 후유증으로 만성 피로나 숨을 쉬는 데 불편이 남아 있다면 격리해제 이후 가벼운 운동부터 서서히 강도를 늘려가며 4~6주 이상 꾸준한 유산소 운동을 하는 것이 도움이 됩니다.

2

온종일 끙끙 vs 걸린 거 맞나…
제각각 코로나19 증상 이유는?

"걸렸는지도 몰랐어요. 그냥 목이 좀 가려운데… 이 정도?" "저승사자랑 하이파이브할 뻔했어요. 격리 내내 끙끙 앓았죠." 다른 병을 앓은 환자들이 아닙니다. 모두 코로나19 확진자입니다. 증상이나 앓는 정도가 제각각이다 보니 이게 같은 병 맞느냐는 반응이 나옵니다. 아예 아픈 줄 모르거나 가벼운 감기로 지나가는 사람이 있는 반면 일상생활이 불가능할 정도로 앓아눕고 죽음과 사투를 벌이기도 합니다. 한집에서 사는 가족들이 한꺼번에 걸려도 증상은 천차만별인 경우도 많습니다.

전문가들은 이런 제각각 증상의 가장 큰 요인으로 나이를 꼽습니다. 데이터로도 명확히 확인됩니다. 질병관리청의 코로나19 정보관리시스템에 따르면 무증상이거나 발열이나 입원이 필요 없는 경증 비율(물론 안 아프다는 말은 아닙니다. 근육통과 오한 등 심한 독감 수준 증상도 포함합니다.)은 나이가 적을수록 더 많습니다. 40대까지는 95~98%가 이에 해당합니다.

하지만 50대가 되면 무증상이나 경증이 아닌 비율이 7%를 넘습니다. 70대와 80대는 한번 감염되면 20% 이상이 입원이 필요한 중증 이상으로 발전합니다. 이런 차이는 나이대에 따라 코로나19 바이러스와 싸우는 힘이 다르기 때문입니다. 나이가 들수록 면역체계는 약해집니다. 노화는 다른 신체 부분과 마찬가지로 면역체계 기능에도 영향을 미칩니다. 노인들의 경우 폐렴이 걸려도 열이 나지 않는 것을 생각하면 쉽습니다. 바이러스가 몸에 들어오면 항체들이 만들어져 싸우고 이 과정에서 열이 나는 것이 정상입니다.

나이에 이어 코로나19 감염증상이 다를 수 있는 또 다른 요인은 바로 성별입니다. 전 세계적으로 코로나19에 걸리는 비율은 남녀에 큰 차이가 없지만 사망률은 남성이 여성보다 50% 가량 높습니다. 옥스퍼드 대학교 면역학 교수 필립 골더는 그 이유를 염색체 차이로 설명합니다. 여성은 두 개의 X염색체를 가지고 있지만 남성은 하나뿐이기 때문이라는 겁니다. 골더 교수는 BBC와 인터뷰에서 "불완전한 X 염색체 비활성화incomplete X chromosome로 여성이 남성보다 코로나19 바이러스에 대한 면역 반응이 증폭된다"며 "백신과 감염에 대한 평생 면역 반응이 남성보다 여성에게 있어 특별히 더 효과적이고 적극적"이라고 설명했습니다.

혈액형별로 다른 코로나19 바이러스 취약성도 연구대상입니다. 중국 연구진이 코로나19 확진 판정을 받은 환자 2,173명의 혈액형 패턴을 조사한 결과 통계적으로 A형은 코로나19에 취약하지만 O형은 위험성이 낮다는 결과가 나왔습니다. 영국 킹스칼리지 런던대학교와 케임브리지대학교 공동연구팀도 최근 국제학술지 '플로스유전체학PLOS Genetics' 게재 논문을 통해 "ABO 혈액형을 결정하는 데 중요한 역할을 하는 단백질이 코로나19가 중증으로 진행되는 것과 관련 있는 것으로 보인다"며 "코로나19 양성자들 가운데 A형인 사람들의 비율이 더 높다는 것을 발견했다"고 밝혔습니다. 개인의 건강과 면역체계 영향도 있습니다.

평소 건강관리 여부와 면역체계 활성화 정도에 따라 증상이 나뉠 수 있는 겁니다. 유전적인 요인도 무시할 수 없습니다. 겉으로는 건강해 보여도 유전적으로 바이러스 감염에 더 취약할 수 있습니다. 여기에 감염된 바이러스의 양과 특성, 백신접종 여부에 따라서도 증상이 달라질 수 있습니다. 또 건강하다고 무조건 덜 아픈 것만도 아닙니다. 몸 안에 면역체계가 활발하면 코로나19 바이러스와 싸우는 과정에서 그만큼 열도 많이 나고 증상도 강하게 날 수 있기 때문입니다.

3

예상 벗어나는 코로나19 종점…
결국 전 국민 걸려야 끝날까?

코로나19가 2년 넘게 이어지며 과연 코로나19가 언제 끝나는 것인지에 대한 관심이 커지고 있습니다. 이미 국민 3명 가운데 1명이 감염됐지만 코로나19는 여전히 이어지고 있습니다. 도대체 얼마나 많은 사람이 더 감염돼야 코로나19가 끝이 날지를 많은 사람이 궁금해하지만 방역당국은 물론 누구도 확실한 답을 내놓지는 못하고 있습니다. 예상치를 훌쩍 뛰어넘은 유행 규모는 과연 코로나19가 끝이 있는 것인가에 대한 의문을 키우고 있습니다. 이대로면 전 국민이 감염되어야 끝난다는 말이 농담으로 들리지 않는 게 사실입니다.

다만 전문가들은 집단면역을 통해 전 국민이 감염되는 일은 없을 거라고 예상합니다. 코로나19 발생이 안정화된 다른 나라들을 살펴보면 힌트를 얻을 수 있습니다. 우선 2022년 6월 초 기준 누적 확진자 수 비율이 가장 높은 나라는 덴마크입니다. 전체 인구 583만 명 가운데 318만 명(54%)이 넘게 확진됐습니다. 모든 방역을 해제한 영국의 경우 감염인구 비율은 32.9%이고 역시 방역을 완화하고 있는 미국과 프랑스는 각각 25.4%와 45.5%입니다.

해당 국가들은 모두 오미크론 발생 이후 비교적 이른 시기에 확진자들이 급증한 이후 5~6주 만에 정점을 찍었고 현재는 오미크론 유행 전 수준으로 줄어들었습니다. 결국 수치만 본다면 우리나라도 많게는 인구 절반인 2천5백만 명 이상 감염이 돼야 오미크론 확산세가 줄어들 거란 예측이 나옵니다.

다만 변수는 있습니다. 다른 나라들에 비해 유달리 높은 백신 접종률과 방역 의식입니다. 우리나라 3차 백신 접종률은 70%대로 전 세계 1, 2위를 다툽니다. 때문에 전문가들은 우리나라의 경우 인구의 30% 이하가 감염돼도 유행이 꺾일 것으로 예상했고 실제 코로나19는 2022년 3월 17일 62만 명을 정점으로 찍은 뒤 빠르게 안정화 양상을 보이고 있습니다.

변수는 재유행입니다. 대다수 국민이 2021년 하반기 예방접종을 마친 만큼 면역력 감소를 피하기 어렵습니다. 현재 백신 면역력의 유효기간은 4~6개월이 한계로 추정됩니다. 때문에 빠르면 늦여름부터 확진자가 다시 늘기 시작해 가을과 겨울에 다시 재유행의 정점이 찾아올 수 있다는 전망이 나옵니다. 일부 전문가들은 아예 재유행을 사실상 기정사실로 보고 있습니다. 정재훈 가천대학교 예방의학과 교수는 "재유행 시기와 규모를 특정할 순 없지만 올 하반기에서 늦으면 내년 상반기까지 큰 규모의 유행이 한 번 있을 수 있다"며 시기가 미뤄질수록 유행 규모가 커지는 만큼 미리 준비를 해야 한다고 강조했습니다. 방역 당국 역시 많으면 하루 확진자가 다시 20만 명까지 늘어날 것을 대비해 긴급 치료를 위한 병상을 별도로 준비하고 재정도 준비하고 있다고 밝혔습니다.

도표 국가별 인구수 대비 코로나19 확진자 비율 상위국가 6월 7일 기준(출처: INSFLER)

일자	국가	인구확진률	인구(UN)	누적확진자
2022/06/07	덴마크	54.62%	5,834,952명	3,187,294명
2022/06/07	네덜란드	48.12%	17,211,449명	8,282,075명
2022/06/07	포르투갈	47.79%	10,140,568명	4,846,230명
2022/06/07	오스트리아	47.5%	9,066,712명	4,306,509명
2022/06/07	이스라엘	46.62%	8,922,893명	4,159,589명
2022/06/07	슬로바키아	46.59%	5,460,193명	2,543,763명
2022/06/07	프랑스	45.52%	65,584,514명	29,852,463명
2022/06/07	스위스	42%	8,773,640명	3,685,281명
2022/06/07	체코	36.53%	10,736,782명	3,921,844명
2022/06/07	벨기에	35.69%	11,668,276명	4,164,698명
2022/06/07	대한민국	35.43%	51,329,905명	18,188,200명
2022/06/07	그리스	33.72%	10,316,641명	3,478,779명
2022/06/07	영국	32.9%	68,497,913명	22,537,186명
2022/06/07	독일	31.69%	83,883,587명	26,583,016명

4

"코로나19 양성 마스크 팝니다"… 방역완화에 무뎌진 코로나19 경각심

코로나19가 한창이던 2022년 3월 중고물품 거래사이트인 중고나라에 코로나19 양성 마스크를 판다는 글이 올라왔습니다. 코로나19 확진자로 추정되는 글쓴이가 자신이 쓰던 마스크를 5만 원에 판다고 글을 올렸습니다. "이 마스크 착용하시고 숨 크게 들이마셔서 코로나19에 감염되시면 집에서 일도 안 하고 지원금을 받을 수 있습니다"라며 친절히(?) 사용법까지 올려놨습니다.

코로나19가 안정되면서 이제는 고의감염을 노리는 사람들까지 생기고 있습니다. 언제, 어디서든 코로나19에 걸려도 이상치 않다 보니 내가 원할 때 걸리고 넘어가자는 생각입니다. 일부 직장인들 사이에서는 코로나19 확진으로 격리되는 7일이 '나라가 주는 휴가'라는 유행어도 나옵니다. 방역 당국이 코로나19를 계절 독감처럼 관리하는 방안을 검토 중이라고 하던데 어차피 걸릴 거 원하는 날짜에 맞춰 확진돼서 휴가를 누리자는 꼼수입니다.

지자체로부터 1인당 10만 원의 생활지원금도 받을 수 있습니다. 관련법에 따라 직장에서 유급휴가지원을 받을 수 있고 동선 등을 기입하는 역학 조사 역시 해도 그만, 안 해도 그만인 자기기입식으로 바뀌어 동선 노출에 관한 부담을 덜었으니 일부러 코로나19에 걸리지 않을 이유가 없다는 겁니다. 오미크론 유행 전만 해도 코로나19에 걸리면 민폐라는 인식이 많았지만, 이제는 주변에 두세 명 걸러 한 명씩 확진되며 인식이 바뀐 점도 한몫을 하고 있습니다.

하지만 전문가들은 이런 생각이 매우 위험할 수 있다고 경고합니다. 당장은 가벼운 증상으로 지나갈 수 있지만 시간이 지나면 어떤 후유증이 나타날지 모르기 때문입니다. 젊으면 가볍게 앓고 지나갈 수 있다는 생각도 위험합니다. 전문가들은 “젊은 층이 위중증으로 갈 확률이 적다는 것이지 위중증으로 가지 않는다는 것은 아니다”며 “코로나19에 감염되면 누가 위중증 환자가 될지, 사망자가 될지 알 수 없다”라고 경고했습니다.

일부러 감염병을 옮기는 것도 처벌 대상입니다. 감염병의 예방과 관리에 관한 법률(감염병예방법) 개정안에 따르면 정부는 감염병을 확산시키거나 확산 위험성을 증대시킨 자에 대하여 입원치료비, 격리비, 진단검사비, 손실보상금 등 이 법에 따른 예방 및 관리 등을 위하여 지출된 비용에 대해 손해배상을 청구할 수 있습니다.

자료사진 코로나19 확진자가 쓴 마스크 판매 사진(출처: 중고나라)

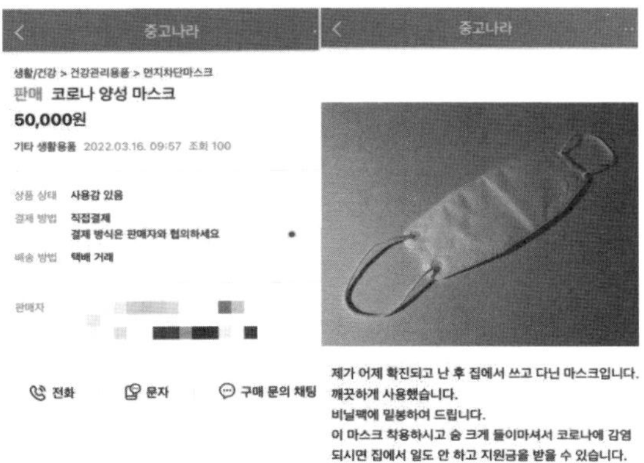

중고나라
생활/건강 > 건강관리용품 > 먼지차단마스크
판매 코로나 양성 마스크
50,000원
기타 생활용품 2022.03.16. 09:57 조회 100
상품 상태 사용감 있음
결제 방법 직접결제
결제 방식은 판매자와 협의하세요
배송 방법 택배 거래
판매자
전화
문자
구매 문의 채팅
중고나라
제가 어제 확진되고 난 후 집에서 쓰고 다닌 마스크입니다.
깨끗하게 사용했습니다.
비닐팩에 밀봉하여 드립니다.
이 마스크 착용하시고 숨 크게 들이마셔서 코로나에 감염
되시면 집에서 일도 안 하고 지원금을 받을 수 있습니다.

5

일상회복 시작됐지만 더 우울… 코로나19 엔데믹 블루 극복하는 법

대형재난이 무서운 것은 그 자체의 파괴력도 있지만 시간이 흐른 뒤에도 위기가 이어진다는 점입니다. 예를 들어 전쟁과 같은 국가적 재난 상황에는 국민들이 '같이 이겨내자'라는 생각으로 적과 맞서 싸우며 버틸 수 있습니다. 하지만 전쟁이 끝나면 경제적 어려움과 정신적 트라우마로 극심한 우울증을 겪는 사람들이 늘며 자살률 증가라는 새로운 위기가 찾아옵니다.

실제 사스나 동일본 대지진 등에서 멀쩡히 살아남았던 사람들이 재난이 발생한 지 1~2년 뒤 갑자기 스스로 목숨을 끊는 일들이 빈번하게 일어났습니다. 코로나19도 마찬가지일 수 있습니다. 겉으로는 잘 이겨낸 듯해도 마음에 남은 상처는 어느 날 갑자기 터질 수 있습니다. 코로나19를 이겨내고 일상 회복을 시작한 뒤 갑자기 덮쳐오는 우울감, 이른바 엔데믹 블루입니다.

특히 우울감은 일상으로 돌아가는 속도에 따라 더 커질 수 있습니다. 일상 회복 격차에 따른 상대적 박탈감이 우울증을 부채질하는 겁니다. "옆집은 해외로 보복 여행을 간다던데…", "동창은 명품백으로 보복 소비를 했다던데…" 하는 비교가 마음을 좀먹습니다. 이런 엔데믹 블루를 극복하기 위해서는 우선 우울한 생각으로부터 벗어나는 것이 중요합니다. 마음 방역과 심리적 거리두기를 통해 과거의 어려움과 미래에 대한 걱정으로부터 자신을 지키는 훈련입니다. 내가 통제할 수 없는 과거나 미래를 떨쳐내고 '지금-여기'를 살아가는 자신에게 집중하는 훈련이 필요합니다. 생각과 감정을 완전히 없앨 수 없는 만큼 멀리 밀어내는 대신 힘들게 싸우는 걸 멈추는 방법입니다.

세계보건기구, WHO는 '역경 극복을 위한 스트레스 관리 가이드라인'에서 우울한 생각이 들면 우선 두 발을 바닥에 붙이고 깊이 호흡하면서 마음을 가다듬으라고 조언합니다. 보고, 듣고, 감촉을 느끼며 주변을 살피는 겁니다. 내가 지금 어디에 있고 누구와 함께 있으며, 무엇을 하고 있는지 파악하는 것이 중요합니다. 그렇게 우울한 생각이 던진 갈고리에서 벗어나 자신이 지금 하고 있는 일에 집중하는 겁니다. 나와 내 감각에 확신을 가짐으로써 자존감을 회복하는 첫걸음을 내딛는 겁니다.

나를 사로잡은 우울한 생각과 아픔이 무엇인지 하나씩 이름을 붙인 뒤 객관화하는 것도 좋습니다. 다음은 가치에 따른 행동입니다. 친절과 배려, 베풂 등 중요한 가치를 정하고 주변 사람들에게 실천하는 겁니다. 그렇게 맺은 관계를 통해 나의 고통을 고백하고 또 다른 사람의 고통을 공유하면서 상처가 치유됩니다. 속마음을 털어놓을 사람이 한 명만 있어도 극단적 우울감은 막을 수 있습니다. 육체적인 건강관리도 중요합니다. 규칙적인 산책과 운동을 하고 정기적인 모임과 함께 짧게라도 외출을 하는 것이 좋습니다.

우울증이 심할 때는 전문가의 도움을 받는 것도 필요합니다. 중증 우울증이라고 적절한 약물치료를 받으면 80~90% 이상 성공적인 치료가 가능합니다. 무엇보다 우울증을 혼자 극복할 수 있다고 생각하는 것보다는 가족이나 주변 사람의 도움을 받아 치료하겠다는 열린 자세가 필요합니다.

도표 우울증 자가진단

우/울/증 자가진단

- ☐ 미래에 대한 희망이 없다.
- ☐ 이유 없이 죄책감이 든다.
- ☐ 하루 종일 우울한 기분이 든다.
- ☐ 나만 소외되는 느낌이 든다.
- ☐ 열등감이 생기고 그로 인해 스트레스를 받는다.
- ☐ 식습관이 변하지 않았는데 갑자기 체중증가 또는 감소 증상이 나타난다.
- ☐ 과수면 또는 불면증에 시달린다.
- ☐ 일상생활이 불만족스럽다.
- ☐ 별일 아닌 것에 대해서도 눈물이 자주난다.
- ☐ 자살충동을 느껴본 적이 있다.
- ☐ 건강에 대해 자신이 없고 성생활이 무의미하다.
- ☐ 나 자신에 대해 싫고 추한 느낌이 든다.
- ☐ 항상 피곤해서 일상생활을 할 수가 없다.
- ☐ 실패자 낙오자라는 생각을 자주한다.
- ☐ 어떤 것의 결정을 스스로 하지 못한다.

※문항 별로 해당 없음(0점), 가끔 느낌(1점), 자주 느낌(2점), 항상 느낌(3점)

※총 점수가 0~15점 : 일반적인 상태
16~30점 : 우울증 초기
31~45점 : 심한 우울증

6

너무 익숙해진 마스크…
우리는 마스크와 이별할 수 있을까?

"안 쓰면 왠지 옷 벗고 외출하는 느낌이에요" "남들이 다 쓰고 다니니까 별 생각 없이 쓰는 거죠" 실외 마스크 착용 의무가 풀렸지만 여전히 주변에서는 마스크 벗고 다니는 사람을 찾기가 어렵습니다. 열에 아홉은 거리에서 마스크를 씁니다. 방역 당국이 밝힌 것처럼 야외에서 코로나19에 감염될 가능성은 극히 희박합니다. 코로나19 감소세가 확연해진 상황에서 사실 야외에서 마스크를 쓰는 것은 비 오는 날 선크림 바르는 것과 마찬가지입니다. 오히려 식당이나 커피숍, 술집에서 마스크를 벗은 채 먹고 마시는 것이 혹시 모를 감염 위험이 더 큽니다.

개인적으로는 마스크 착용 의무가 풀리고 난 뒤 야외에서는 마스크를 벗고 다닙니다. 마스크를 쓰지 않은 채 2년 4개월 만에 자유롭게 숨을 쉬며 거리를 걷던 2022년 5월 2일의 기분은 아직도 잊을 수 없습니다. 꽃향기를 맡고 바람의 싱그러움을 그대로 느낄 수 있는 자유가 이렇게 소중한 것인가를 다시 한번 깨닫게 됐죠. 그동안 방역지침을 철저히 지키며 살아온 데 대한 보상심리도 있었습니다.

지난 2년 넘게 취재원을 빼고는 사람들은 거의 만나지 못했고, 백신도 3차례 모두 맞았습니다. 코로나19 기간 내내 집안을 제외하고는 마스크를 벗은 기억이 없습니다. (물론 이렇게 생활하고도 코로나19에 걸리긴 했습니다.) 때문에 실외에서 마스크를 쓰지 않아도 된다는 발표가 나오자마자 "해방이다"를 외치며 마스크를 벗었습니다.

물론 여전히 버스나 지하철을 타거나 가게에 들어갈 때, 근무할 때는 다시 마스크를 씁니다. 주변에서는 종종 번거롭지 않냐고 묻긴 하지만 마스크로부터 벗어날 수 있는 자유를 생각하면 전혀 귀찮지 않습니다. 하지만 이런 생각을 하는 사람은 확실히 소수인 듯합니다. 거리는 물론 인적이 드문 산길에서도, 휴양지에서도 마스크는 사라지지 않고 있습니다. 신선한 숲속 공기와 바닷바람을 코와 입을 가리고 즐길 수 있을지 의문이지만 많은 사람들이 여전히 쓰고 있습니다. 취재 과정에서 거리 인터뷰를 해보면 거리에서 마스크를 착용하는 이유에 대해 '익숙해서', '마스크를 벗기 불안해서'라는 답변도 있지만 많은 사람들이 '다른 사람들이 다 쓰니까'라고 답했습니다.

물론 조화와 타인과의 관계를 중시하는 아시아 문화권에서도 특히 집단주의가 유난히 발달한 우리나라 특성상 이해를 못 할 것도 아니긴 합니다. 실제 한국심리학회지의 설문 조사 결과 우리나라 사람들은 코로나19 예방효과가 전혀 없는 마스크라도 남들의 시선을 의식해 쓰겠

다는 답변이 서구권에 비해 유달리 높은 것으로 나오기도 했습니다. (2021년 11월호)

사실 나보다는 남을 중시하는 이런 문화 덕분에 코로나19 기간 100%에 가까운 마스크 착용률을 기록했고 그 결과 다른 서구권 나라에 비해 타격이 적을 수 있었습니다. 다만 코로나19가 마무리 되어가는 상황에서, 또 실외 마스크 착용 의무가 사라진 현재도 남들의 시선이라는 자기검열 때문에 마스크가 강요 아닌 강요가 되는 것은 안타까운 일입니다. 이제는 실외에서는 마스크와 자신 있게 이별하는 시간이 필요하지 않을까요? 뭐 다 떠나서 마스크를 패션 소품으로 생각하신다면 할 말은 없지만요.

7

북한은 어떻게 백신도, 치료제도 없이 코로나19를 잡았나?

북한은 여러모로 미스터리입니다. 이 의도적으로 고립된 독재정권은 폐쇄된 국경 뒤 많은 비밀을 간직하고 있습니다. 생활도 그렇고, 정치도 그렇지만 개인적으로 가장 궁금한 것은 "과연 어떻게 코로나19에 대처하고 있는가?"입니다. 비공식이긴 하지만 코로나19가 전 세계를 휩쓸면서도 2년 넘게 공략하지 못했던 나라 3곳 가운데 한 곳이 바로 북한입니다.

나머지는 인구가 1만2천여 명인 태평양에 고립된 섬나라인 투발루이고 다른 한 곳은 의심 환자가 나왔지만 확진 사례를 인정하지 않는 중앙아시아의 독재국 투르크메니스탄인 것을 감안하면 북한은 비공식적이긴 하지만 유일한 코로나19 청정국이었습니다. 하지만 2022년 5월 8일 이 청정국 기록은 깨지게 됩니다. 조선중앙통신은 보도를 통해

"2년 3개월에 걸쳐 굳건히 지켜온 우리의 비상방역전선에 파공이 생기는 국가 최중대 비상사건이 발생하였다"며 코로나19 발생을 공식 인정했습니다. 첫 확진 사례 발표 이후 북한에서는 매일 20만~30만 명대 신규 발열 환자가 나왔고 한 달도 안 돼서 열이 나는 의심 환자는 400만 명을 넘어섰습니다. (북한은 PCR 검사를 할 수 없는 만큼 열이 나는 사람을 코로나19 의심 환자로 보고 있습니다.) 오미크론의 감염력을 생각하면 고개가 끄덕여지는 부분입니다.

하지만 이해가 안 가는 부분은 여전히 많습니다. 북한이 발표한 의심 환자에 비해 유난히 적은 사망자 숫자가 대표적입니다. 북한당국에 따르면 의심 환자가 400만 명을 돌파한 시점에서 공식 사망자는 100명이 안 됩니다. 치명률은 0.002%에 불과합니다. 0.002%가 얼마나 대단한 숫자냐면 우리나라의 코로나19 치명률이 0.13%이고 전 세계 평균은 1.2%에 달합니다.

미국 존스홉킨스대학에 따르면 북한의 전염병 대응 능력은 195개국가 가운데 193위, 방역 능력은 192위로 최하위권입니다. 일반약품은 물론 해열제와 진통제가 부족해 북한 공식 매체조차 코로나19 대처법으로 '금은화 및 버드나무 우려 마시기', '소금물 가글하기' 등을 권장하며 민간요법에 기대고 있는 상황입니다. 결국 치명률 0.002%는 북한의 의료 수준이나 영향 상태로 볼 때 비현실적이라는 비판이 나옵니다. 더욱이 북한에는 코로나19 백신도 치료제도 없습니다. 자신감인지 자만심인지 모르겠지만 코로나19 발생 이후 백신 공급을 위한 국제 프로젝트인 코백스퍼실리티의 백신 지원은 물론 우리나라의 지원 역시 거부했습니다.

결국 북한의 이런 사망자 수치는 축소됐을 가능성이 높습니다. 코로나19로 사망자가 발생하더라도 다른 질병으로 돌리거나 단순 병사로 처리하는 방식입니다. 사망자 축소를 통해 코로나19가 별거 아니라는 인식을 심어 주민 불안을 잠재우는 동시에 무오류의 김정은 위원장의 방역 성과를 치켜세우는 심리 방역입니다.

실제로 북한 매체는 코로나19 발생 한 달 만에 '김정은 승리'를 선전하고 있습니다. 하지만 코로나19가 그렇게 호락호락 넘어갈 듯하진 않습니다. 미국 보수 성향의 싱크탱크 카토연구소에서는 "북한이 '고난의 행군' 때보다 더 강력해진 국제 제재와 국경 통제로 상황이 더 좋지 않다"며 "김정은 왕조의 몰락을 예견하기는 섣부르지만, 가능성에 대비하지 않는 것 또한 어리석은 일"이라고 지적했습니다. 결국 북한이나 우리나라나 정치방역이 문제입니다.

3

코로나19는 우리 삶을 어떻게 변화시켰나

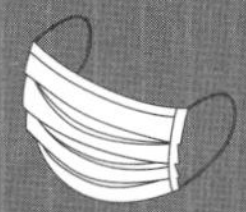

1

4차 산업혁명이 낳고 코로나19가 키웠다… '언택트'의 확산

우리는 '언택트'untact 시대를 살아가고 있습니다. 다른 이들과의 대면 접촉을 줄인다는 의미의 '언택트'는 코로나19 거리두기가 끝난 현재도 일상이 됐습니다. 많은 사람들이 경조사 등 반드시 만나야만 하는 경우를 제외하고는 모임을 최소화하면서 혼자만의 시간이 늘고 있습니다. 우리는 감염병 세상이 가져다준 비대면 사회에 어느새 익숙해진 겁니다. 집에 머무는 시간이 길어지면서 뜬 '편리미엄'(편리함이 곧 프리미엄)과 '오하운'(오늘 하루 운동) 등 트렌드와 함께 '언택드'는 '새로운 정상'New normal으로 정착한 거죠.

온라인 모임인 줌Zoom과 MS팀즈를 활용한 비대면 회의는 기본이 됐고 3차원 가상공간인 메타버스도 더 이상 낯설지 않습니다. 비대면 소비가 늘면서 2021년 배달의 민족과 요기요 등을 통한 음식 서비스 온라인쇼핑 거래액은 25조6,847억 원으로 코로나19 확산 전인 2019년(9조7,328억 원)과 비교하면 3배 가까이 규모가 커졌습니다. 코로나19 이전에는 '단절'로 여겨지던 행위들이 이제는 오히려 장려되고 있습니다. 사실 이러한 언택트는 코로나19 이전부터 태동했습니다. 바로 모바일과 인공지능, 클라우드, 빅데이터, 로봇 등 4차 산업혁명 관련 디지털 기술 발전이 언택트의 시작점이었습니다. 이후 언택트는 디지털 경제의 핵심 키워드인 '온라인'과 '스마트 워크'를 가속화하면서 사회 전반에 걸쳐 새로운 풍속도를 만들고 있습니다. 쇼핑은 물론 교육과 심지어 건강 서비스까지 다양한 분야의 온라인화가 가속되고 있죠.

또 기업 입장에서는 회사라는 공간적 제약과 출퇴근이라는 시간적 제약에서 벗어나 근무하는 스마트 워크의 확대, 그리고 더 나아가서는 스마트 공장, 스마트 물류 등 기업 생태계 전반이 더 똑똑한 환경으로 진화하고 있습니다. 하지만 이런 언택트가 우리의 일상 속에 들어오기 시작한 계기가 바로 코로나19라는 것은 누구도 부인할 수 없습니다.

거리두기를 위한 비대면 소비가 늘어남에 따라 온라인 쇼핑과 OTT 시청, 음악 청취 등이 모바일 시스템으로 재편되며 모든 것이 모바일로 이뤄지는 '모바일 생태계'는 폭발적으로 성장하고 있습니다. 핀테크와 스마트 행정, 원격진료 등에 관한 요구도 거세질 것으로 보입니다. 그동안 4차 산업혁명 확대를 통한 무인화에 대해 부정적이던 여론이 코로나19를 계기로 질병에 대한 안전망과 비대면 서비스 확산이라는 관점에서 긍정적으로 변화하고 있기 때문입니다. 언택트를 기반으로 한 스마트 팩토리와 사물인터넷IoT, 가상현실VR/증강현실AR, 시뮬레이션, 애널리틱스 등의 기술 확산도 가속화할 전망입니다.

이러한 변화를 기반으로 정보통신기술ICT 시장조사 기관인 IDC는 코로나19가 가져온 10가지 잠재적인 ICT 기회로 디지털 플랫폼 및 빅데이터, 스마트 시티와 공원, 온라인 헬스케어 서비스, 온라인 교실 및 교육, 원격 사무실 및 온라인 활동, 5G 서비스 애플리케이션, 무인 상거래 및 서비스, 신선 푸드 온라인 거래, 공급 체인 관리, 제조 및 서비스 로봇을 꼽았습니다.

자료사진 코로나19가 가져온 10대 ICT 유망 분야(출처: IDC)

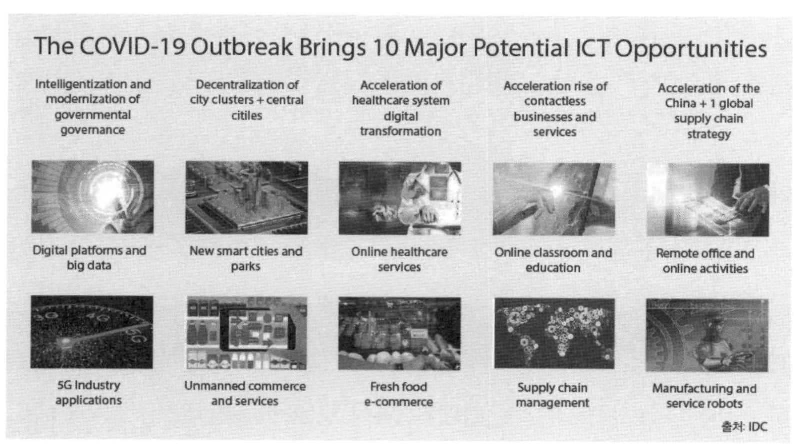

2

펜데믹이 쏘아 올린 변화…
커지는 양극화 현상

코로나19는 소비심리를 잔뜩 위축시켰지만 오히려 시장이 커진 분야가 있습니다. 바로 명품 시장입니다. 고가 프리미엄 상품은 코로나19 위기에도 나 홀로 성장을 이어가고 있습니다. 생필품에는 가성비를 따지지만 명품에는 자신의 정체성을 투영시키면서 돈을 아끼지 않는 이중적 행태입니다. 이른바 "가장 좋은 게 아니면 가장 저렴한 걸 산다"는 'K자형 소비 양극화' 현상입니다.

실제 코로나19 기간 동안 백화점 매출은 나 홀로 증가세를 이어갔습니다. 신세계백화점 기준으로 전체 매출에서 명품이 차지하는 비중은 코로나19 이전인 2019년은 16.7%였지만 2021년에는 25.7%까지 높아졌습니다. 백화점 매장 문이 열리자마자 달려가 물건을 구매한다는 '오픈런'은 이런 현상을 보여주는 상징적 단어입니다.

'에루샤'(에르메스·루이비통·샤넬)로 일컫는 명품 제품은 가격을 올릴 때마다 오히려 오픈런 줄이 길어지는 기이한 현상까지 나타났습니다. 고가의 수입차도 증가세입니다. 한국수입자동차협회에 따르면 2021년 1월에서 11월 사이 판매 가격 1억 원 이상 수입차의 신규 등록 대수는 5만 9,435대로 2020년 동기 대비 37% 늘었습니다. 돈이 있어도 못사는 경우도 많습니다. 일부 수입 스포츠카의 경우 출고 대기에 2년 넘게 걸리는 모델도 있습니다.

반면 코로나19로 부진한 실적을 거둔 대형마트 업계에서는 '10원 마케팅' 경쟁이 재현됐습니다. 최저가 전략을 내세워 코로나19로 외출을 꺼리는 소비자들을 오프라인 매장으로 이끌려는 몸부림입니다. 실제로 저가매장으로 유명한 다이소 역시 2021년 처음으로 매출 2조 원을 돌파했습니다. 만성화된 경기침체에 '가성비' 소비 트렌드가 떠오르면서 다이소 성장으로 이어진 것으로 분석됩니다.

왜 이런 현상이 벌어졌을까요? 결국 따지고 보면 소득의 양극화가 원인일 수밖에 없습니다. 물론 양극화는 자본주의의 피할 수 없는 속성이기도 합니다. 다만 코로나19는 이러한 양극화의 속도를 한계까지 밀어붙이고 있습니다. 코로나19는 재난적 경제위기를 불러왔고 모두가 불편과 어려움을 겪고 있지만 그 경제적 피해는 기존의 금융위기에 비해 매우 차별적이고 취약한 계층과 부문에 집중되고 있기 때문입니다. 자금력을 갖춘 대기업들은 코로나19 충격에서 벗어나 줄줄이 사상 최대 실적을 기록하고 성과급을 경쟁하듯 높였지만 길어진 거리두기로 직격탄을 맞은 자영업자와 비정규직 노동자들은 생존의 위기를 겪었기 때문입니다.

소득의 격차는 점점 더 벌어지는 가운데 부유층은 변화하는 환경에서 오히려 더 부자가 되고 빈곤층은 더 나락으로 떨어지는 사회경제적 양극화입니다. 위기 상황을 극복하기 위한 양적완화 역시 양극화를 부채질하고 있습니다. 미국이 코로나19 위기 극복을 명목으로 제로금리에 이어 시작한 전대미문의 무제한 양적완화는 전 세계 유동성 시장을 자극했고 그 결과는 돈의 가치 하락으로 이어지고 있습니다. 자본소득은 노동소득을 앞지르며 격차를 더 벌려갔고 결국 부자만이 더 큰 부자가 되는 세상이 온 겁니다. 그리고 그 위기는 코로나19가 마무리되기 시작한 지금까지 이어지고 있습니다. 코로나19는 누군가에게는 고통이지만 누군가에는 오히려 기회였던 겁니다.

3

잃어버린 학창 생활…
코로나19 시대 교육은 무엇인가

코로나19로 가장 피해를 많이 본 사람은 누구일까요? 휴가도 없이 매일 환자들을 돌봐야 했던 의료진들? 2년 넘게 매출이 반 토막 난 자영업자? 저마다 코로나19로 힘든 시기를 겪었지만 그래도 가장 큰 피해자는 바로 아이들이라고 생각합니다. 이른바 코로나19 학창 세대입니다.

코로나19는 아이들에게 현재뿐 아니라 미래에서 즐길 추억도 앗아갔습니다. 사실 학교는 배움의 장소이지만 놀이의 장소이기도 합니다. 수업을 듣고 친구를 만나는 곳입니다. 하지만 코로나19 2년 동안 학교는 많은 것이 달라졌습니다. 원격수업이 일상화되면서 아이들에게 소중한 추억으로 자리 잡아야 할 학창 시절은 2년 넘게 컴퓨터 안에만 있었습니다.

그나마 학교에 가더라도 책상 2개를 붙여 짝꿍과 함께 앉는 것이 아닌 한 자리씩 떨어져 앉아야만 했습니다. 코로나19는 특히 취약계층 아이들에게는 더 가혹했습니다. 학교가 문을 닫으면서 취약계층 어린이 10명 가운데 4명이 나 홀로 집에 머물러야 했습니다. 급식이 끊기면서 이 아이들 가운데 3.5%는 하루 한 끼에 그치거나 하루 종일 굶는 경우도 생겼습니다.

학습환경도 완전히 바뀌었습니다. 초등학생과 중학생, 고등학교는 물론 대학생까지 완전히 다른 환경에서 학교생활을 해야 했습니다. 좋게 말해 온라인 교육 첫 세대지만 동시에 공교육이 무너진 원년의 희생자이기도 합니다. 『코로나19 시대, 학교의 재탄생』 저자 김경애 한국교육개발원 연구위원은 "청소년기에 학교에 덜 나가다 보니 소속감 형성이 늦어지고 시기별 발달 과제가 퇴행하고 있다"고 지적했습니다. 실제 코로나19로 시작된 비대면 수업은 우리 교육이 얼마나 부실했는지 여실히 보여주고 있습니다. 기존에 문제로 지적되던 학력 양극화는 가속도를 냈습니다. 90점 이상과 40점 미만 비율은 코로나19 기간 내내 늘어만 갔습니다. 계속된 원격수업에 아예 공부를 놓아버린 아이들이 많습니다.

이렇게 무너진 공교육을 보여주는 것은 사립초 경쟁률로도 나타납니다. 한 해 교육비가 대학생보다 많은 평균 1천만 원 이상 들지만 2022년 기준 서울 사립초 평균 경쟁률은 11.7대 1로 치솟았습니다. 코로나19 이전과 비교하면 5배입니다. 학부모들 사이에서는 수업의 질면에서 사립초가 국공립보다 월등히 낫다는 생각이 많습니다. 국공립은 방역이 우선이다 보니 사립초보다 상대적으로 등교와 수업의 질이후순위에 밀렸기 때문입니다.

EBS 강좌나 유튜브 동영상 중심인 국공립과 달리 사립초는 실시간 수업을 기본으로 해 만족도가 높습니다. 결국 코로나19 확산 속에 공교육이 흔들리면서 경제적 격차가 교육 격차로 이어지는 악순환이 반복되고 있습니다. 코로나19는 아이들의 정신건강에도 상처를 남겼습니다. '청소년 1388 상담 건수'에 따르면 아이들의 정신건강 관련 상담 건수는 코로나19 이전보다 30% 이상 늘었습니다. 길어지는 코로나19로 친구 관계의 단절과 미래에 대한 불확실성에 1020세대들의 심리적, 정서적 고립감이 커지고 있다는 방증입니다. 2020년 자살통계에서도 40~50대는 전년 대비 자살률이 줄었지만 10대는 9.4%, 20대는 12.8% 늘었습니다. 코로나19는 감염이라는 측면에서는 누구에게나 공평했지만 아이들에게는 더 외롭고 더 아팠던 시련이었습니다.

자료사진 2022학년도 서울 사립초 경쟁률 보도(출처: JTBC 뉴스룸)

4

재난은 불평등하게 찾아온다…
코로나19에 미래 빼앗긴 아이들

“지금 우리는 빈곤층이 전염병의 먹이가 되는 불평등의 폭력에 직면했다” 『21세기 자본』의 저자 토마 피케티가 영국 가디언과의 인터뷰에서 한 말입니다. 코로나19로 가속하고 있는 사회 불평등 문제를 지적한 겁니다. 맞는 말입니다. 재난은 약자에게 더 가혹하고 그로 인한 결과 역시 평등하지 않습니다. 코로나19는 질병이지만 동시에 사회와 정치, 경제를 휩쓸어 버린 재난이기 때문입니다.

코로나19는 누구나 감염될 수 있지만 대처하는 능력도 다릅니다. 그리고 코로나19는 그 불평등을 더욱 벌려놨습니다. 코로나19는 약자에게 먼저 다가갔고 혹독한 재난을 선사했습니다. 그리고 그 피해는 가난하고 장애가 있는 아이들에게 더욱 집중됩니다. 2020년 12월 한강 둘레길에서 실종됐다 숨진 채 발견된 발달장애인 고 장준호 군 역시 그 피해자입니다. 어머니와 단둘이 살던 준호 군은 '엄마'라는 단어 외에는 다른 말은 할 수 없는 수준의 중증발달장애인입니다. 코로나19로 시설에 나가지 못해 집에만 머물러야 했고 답답함에 어머니와 산책을 나갔다 실종됐습니다. 마스크를 써야 하는 이유를 이해하지 못하고 불편함을 견디는 능력이 부족해 틈만 나면 마스크를 벗어버려 사람이 많은 곳에는 갈 수도 없었습니다. 그래서 고른 곳이 인적이 드문 산책길이었습니다. 준호 군 어머니는 이후 아들을 찾으려 죽을 힘을 다해 뛰었지만 안타깝게도 준호 군은 90일 만에 싸늘한 주검으로 발견됐습니다.

준호 군 어머니는 코로나19가 발달장애인들에게 더 가혹했다고 흐느꼈습니다. "우리 아이들도 배움의 기회를 가져야죠. 저희 아이들도 교육하면 좋아져요. 따가운 눈총이 아니라 조금만 배려해주길 원하는 건데… 더 데리고 나가고 사람들이 많은 곳에 가서 외식을 시키고 여행을 가야죠."

가난한 아이들도 갈수록 뒤처졌습니다. 중학생 이재현(가명) 군은 올해 중간고사에서 수학을 30점 맞았습니다. 2년 전에는 그래도 60점은 넘겼는데 코로나19 기간 동안 뒤처지기 시작하더니 아예 포기하는 단계까지 왔습니다. 코로나19로 온라인 수업을 해야 했지만 학교 수업과 달리 따라가기 힘들었고 수업 중 모르는 것이 나와도 물어볼 수가 없었습니다. 한번 놓친 수업은 따라잡기가 쉽지 않았습니다. 또래 아이들은 학원과 과외로 공백을 채웠지만 재현이는 인천국제공항에서 비정규직으로 일하며 맞벌이를 하던 엄마가 실직하면서 오히려 학원을 그만둬야 했습니다. 재현이 엄마는 아들에게 못 할 짓을 한 것 같아 마음이 아픕니다. "잘 사는 엄마들이 하는 말이 코로나19로 학교 안 가다 보니 좋은 점이 하나 있다고 하더라고요. 학교에서 쓸데없는 것을 안 배우고 사교육을 많이 할 수 있어서 좋다고. 김포에 사는데 대치동까지 라이딩을 갔다 온다더라고요."

코로나19 기간 동안 넓어진 사회의 그늘 아래서 아이들은 이렇게 공부에서 뒤처지고 있습니다. 특수치료기관이 문을 닫으면서 발달상태가 퇴보한 장애 아이들도 늘었습니다. 이런 격차와 장애는 갈수록 벌어지고, 심해질 수밖에 없습니다. 그리고 이것을 방치하는 것은 코로나19 못지않은 미래의 사회적 재난에 눈을 감는 것과 마찬가지입니다. 아이들에게 미래를 빼앗는 일입니다. 코로나19가 가져온 재난이 아이들을 집어삼키지 않도록 집중적인 지원이 필요합니다.

원격수업이지만 학습의 기회를 공식적으로 제공했다는 핑계가 아니라 코로나19가 마무리되고 있는 현 단계에서 정확한 학력 진단과 맞춤형 지도로 벌어졌던 학습격차를 메꿔줘야 합니다. 발달장애 아이들을 위한 특수교육 프로그램도 보다 더 강화할 필요가 있습니다. 장애, 그리고 가난하다는 이유로 공정한 경쟁의 출발선에조차 서지 못하는 일은 없어야 합니다.

5

“코로나19 이전으로는 영원히 돌아갈 수 없다.”

“세계는 코로나19 이전 BC[Before Corona]와 코로나19 이후 AC[After Corona]로 구분될 것이다.” 뉴욕타임스 칼럼니스트, 토머스 프리드먼은 코로나19로 새로운 시대가 왔다고 선언했습니다. 코로나19로 우리가 ‘노멀’이라고 믿었던 질서에 균열을 내며 이전 시대의 가치와 표준이 무의미해지고 있다는 겁니다. 코로나19가 바꾼 새로운 표준의 부상 즉 ‘코로나19 뉴노멀 시대’의 도래입니다.

원래 뉴노멀[New Normal]이란 시대 변화에 따라 새롭게 부상한 표준을 의미하는 경제용어입니다. 하지만 이 뉴노멀이 이제 경제뿐만 아니라 사회 전반적인 새로운 표준을 뜻하는 말로 그 의미가 확장되고 있습니다. 전쟁과 죽음 같은 참사를 겪을 때 사람들이 겪는 심리변화인 ‘부인-분노-타협-우울-수용’의 다섯 단계가 코로나19 사태에도 그대로 이어지고 있는 거죠. 코로나19가 처음 발생했을 때는 별것 아닐 거야 부인하다가, 최초 발생지인 중국에게 책임을 돌리며 분노하고, 점차 그래도 우리나라는 피해를 최소화할 것이라며 타협하고, 다시 과거의 일상으로 돌아갈 수 있을까 우울해하며, 마지막 단계에서는 코로나19가 가져온 일상을 '뉴노멀'로 담담히 받아들이게 되는 겁니다.

일상이 멈춰버린 것을 한탄하기보다는 코로나19와 함께하는 일상에 적응하는 것이 조금이나마 현명한 선택이라는 것을 깨닫게 되는 단계이죠. 핵심은 경제 침체와 디지털 전환의 가속화, 비대면의 확산입니다. 코로나19 종식 여부와 상관없이 이런 현상들은 이미 우리 사회에 보편화되고 있습니다. 코로나19는 안전에 대한 사람들의 불안을 자극했고 우리는 코로나19가 끝나더라도 또 다른 전염병이 발생하지 않을 거란 확신을 할 수 없기 때문입니다. 이미 코로나19로 인한 변화와 그 경험은 우리 안에 내재해 있습니다. 결국 사람들은 코로나19와 별개로 이전의 생활방식보다는 비대면과 디지털 가속화로 대표되는 생활방식에서 더 안정감을 느끼면서 뉴노멀로 자리 잡고 있는 겁니다.

우리는 여기서 한번 생각해 봐야 합니다. 여전히 많은 사람들이 현재 겪고 있는 코로나19를 어쩌다 한 번 생긴 일로 생각하고 위기만 넘어가면 일상을 완전히 회복해 사회생활도 경제도 문화도 이전같이 그대로 돌아갈 수 있을 거라 기대하고 있습니다. 하지만 그런 생각은 순진할 뿐더라 과학적이지도 못합니다. 우리는 위기 이후의 미래를 내다볼 때 우리가 이전까지 살아온 방식이 과연 계속 유지될 수 있는 것인지와 그것이 정말로 지혜롭고 올바른 방식이었는가를 복기해 봐야 합니다.

어쩌면 코로나19는 우리에게 고통과 함께 변화의 시작이라는 기회를 준 걸 수도 있습니다. 그리고 그 출발은 뉴노멀에 대한 정립입니다. 비판이론가인 슬라보예 지젝의 충고는 뉴노멀을 마주한 우리 사회의 도전을 제시하고 있습니다. "우리는 의학적인 비상사태에 처한 것이 아니다. 코로나19 바이러스는 우리 인류가 그동안 만들어온 시스템의 한계를 드러내고 있다. 우리가 싸워야 할 대상은 바이러스가 아니라 사회적인 시스템이다."

6

코로나19가 끝나도 계속될 4가지 '뉴노멀' 키워드

그럼 코로나19가 마무리된 뒤에도 이어질 뉴노멀은 어떤 것이 있을까요? 영원히 이어질 것만 같았지만 거리두기처럼 어느새 사라진 변화도 있고 마스크와 재택근무, 비대면 소비처럼 일상 회복이 시작된 뒤에도 여전히 남아 있는 것도 있습니다. 그렇다면 코로나19가 가져온 변화들 가운데 앞으로 크기와 영향을 더 넓혀가며 영향을 끼치게 될 것들은 무엇이 있을까요? 포스트 코로나19에도 남아 있을 4가지를 정리해 봤습니다.

① 고립사회

거리두기는 코로나19를 이겨내기 위한 필수조건이었지만 '사회적 동물'로서 인간의 본성을 거스르는 강제조치였습니다. 그리고 거리두기가 마무리된 지금도 그 여파는 남아 있습니다. 언택트가 일상이 되면서 '군중 속의 고독'은 더 짙어지고 있는 겁니다. 외로움은 더 많이 온라인에 연결될수록 그 위력은 강해집니다. 그리고 코로나19가 불러온 소외감과 경제적 양극화 등은 사람들을 더욱 더 파편화시키고 있습니다. 사회적 고립의 대중화, 고립사회입니다. 통계청이 조사한 2021년 우리나라의 '사회적 고립도'는 통계 작성 이후 최대치인 34.1%를 기록했습니다. 이제는 대세가 된 먹방이 이런 고립사회의 단면입니다.

가족으로서 함께 밥을 먹는다는 의미의 '식구'는 점점 사라지고 컴퓨터 화면 속 먹방이 새로운 식구의 역할을 하고 있습니다. 관계의 해체가 가속화되면서 식사라는 연결고리조차 별풍선과 좋아요 같은 대가를 지불해야 하는 현실입니다. 디지털은 모든 것을 연결하지만 역설적으로 사회적 인간을 해체시키고 있는 겁니다.

이제는 대세가 된 플랫폼 노동도 마찬가지입니다. 플랫폼 노동구조에서 인간은 언제든 갈아 낄 수 있는 하나의 도구로 취급됩니다. 노동의 효율성을 극대화하기 위한 인간의 도구화는 공동체의 연결고리를 퇴색시키고 사회안전망을 무너뜨리는 악순환을 낳을 수밖에 없습니다.

② 더 큰 정부

토마스 홉스가 『리바이어던』Leviathan을 쓴 것은 1651년입니다. 구약성서에 나오는 괴수 레비아탄을 영어 발음에서 따온 이 책은 절대국가의 필요성을 강조했습니다. '만인의 만인에 대한 투쟁'을 피하기 위해 사람들의 권한을 위임받은 '리바이어던'이 필요하다는 것이죠. 홉스가 예견한 이 리바이어던은 370년이 지난 지금 현실로 나타나고 있습니다.

코로나19라는 위기가 전 세계에서 탈규제·감세·민영화를 특징으로 하는 신자유주의 노선을 폐기시키고 '더 큰 국가', '더 큰 정부' 시대를 불러온 겁니다. 세계 곳곳에서는 코로나19 확산을 막기 위해 이동의 자유까지 제한하는 록다운과 거리두기를 하며 국민의 일상에 개입했고 꺼져가는 경제를 살리기 위해 미국 연방준비제도(Fed·연준)와 일본은행BOJ 등이 '무제한 양적완화'를 선언하는 등 전례 없는 규모의 경기부양책도 유행처럼 번졌습니다. 전쟁과 같은 코로나19 확산 속에서 개인에 대한 통제는 선택이 아닌 의무가 됐기 때문입니다.

결국 시장에 의한 자유주의와 정부에 의한 개입주의는 정부 실패와 시장 실패를 저울질하여 그동안 핑퐁게임처럼 진행되어 왔지만 코로나19라는 변수를 계기로 개입주의, 큰 정부로의 흐름이 굳어지는 모양새입니다. 그리고 코로나19 이후 경제위기가 다시 이어지고 있는 현실에서 그 주도권은 꽤 오랫동안 이어질 수밖에 없어 보입니다.

③ 부익부 빈익빈

자본주의 사회에서 빈부격차가 벌어지는 것은 필연적입니다. 하지만 코로나19는 그 속도를 끌어올리고 있습니다. 글로벌 경제는 코로나19라는 마취제를 맞고 주저앉았고 펀더멘털에는 금이 가고 있습니다. 개별경제에서도 코로나19는 대지진과 같습니다. 코로나19로 사라지는 일자리는 늘고 있지만 새로 만들어지는 일자리는 한정적입니다.

또한 언택트로 꾸준히 수요가 있는 비즈니스와 그렇지 않은 비즈니스의 간극까지 더해지며 사회구성원들의 소득의 격차를 더 크게 만들고 있습니다. 아이러니하게도 재난을 극복하기 위해 정부가 쏟아붓는 자금들도 이런 빈부격차를 가속화시킵니다. 재난지원금을 포함해 각국의 정부가 풀고 있는 대다수의 자금들은 부가가치를 창출해야 하지만 이제는 뉴노멀이 된 저성장, 무성장 상황 속에서 전 세계적으로 그럴만한 시장이 없습니다. 오히려 역성장이 확실시되는 상황입니다.

우리나라 역시 심각한 경기 침체 속에서 가계대출을 늘리면서 버티는 상황이 길어지는 가운데 실물경제와 소비에서 돌아야 할 돈이 제대로 돌지 않고 있습니다. 결국 언제 터질지 모르는 또 다른 금융위기의 가능성 속에서 혼란이 커질 수밖에 없습니다. 그 과정에서는 결국 자본이 있는 자들이 살아남아 그 부를 더 늘려나가게 될 가능성이 높습니다.

④ 친환경 가속화

코로나19와 환경파괴, 기후변화는 모두 인재라는 점에서 하나로 묶여 있습니다. 박쥐가 옮긴 코로나19를 포함한 사스와 메르스 등 인수공통감염병이 과거보다 더 자주, 더 빨리 확산하는 것이 그 결과물입니다. 사회생물학자인 최재천 교수의 말처럼 바이러스가 계획적으로 인간에게 접근한 것이 아니라 인간이 동물의 서식 공간을 비집고 들어가면서 문제가 시작된 겁니다. 결국 제2, 제3의 코로나19를 막기 위해서는 우리 모두 환경에 대한 관심을 늘려야만 합니다.

국제사회에서는 이미 변화가 시작되고 있습니다. 환경적 가치에 대한 기준이 더 강화되어야 하고 탄소배출과 같은 산업에서의 환경뿐만 아니라 라이프스타일 전반을 아우르는 환경에 대한 관심과 요구가 늘어나고 있는 상황입니다. RE100과 택소노미, 블루수소 등 지구온난화를 막기 위한 국제적 약속 역시 그 중요성과 함께 압박이 점점 더 커지고 있습니다.

4

코로나19가 만든 비극

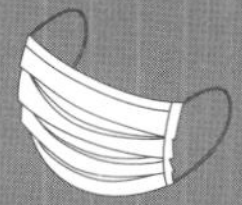

1

지울 수 없는 코로나19 낙인…
환자가 아닌 죄인이 된 확진자

'서울 성북구 13번 확진자'. 서창록 고려대 교수가 코로나19 확진 판정으로 받은 낙인입니다. 이후 곧바로 성별과 나이, 직업, 동선이 순식간에 언론을 통해 전파되면서 서 교수는 그렇게 환자가 아닌 죄인이 됐습니다. 코로나19에 대한 두려움이 만들어낸 차별과 혐오입니다. 감염에 대한 불안은 공포를 낳고 혐오를 부추겼습니다.

방역 당국은 동선 파악을 한다며 서 교수에서 신용카드 결제기록 외에도 CCTV 대조용 얼굴 사진을 요구했습니다. 개인정보 보장을 약속했지만 지켜지지 못했습니다. 그렇게 모든 개인정보는 세세히 까발려진 채 방역을 명목으로 한 인권유린이 시작됐습니다.

서 교수에게는 '자가격리 안심밴드'(전자팔찌) 도입 역시 또 다른 충격이 됐습니다. 자가격리 대상자들의 동선 파악을 위해 성범죄자 전자발

찌처럼 팔찌를 채우겠다는 정책에 국민 70%가 찬성했고 실제 1,500명 가까운 국민들이 그렇게 자가격리 안심밴드를 달아야 했습니다. 서 교수는 자신의 에세이 『나는 감염되었다』를 통해 코로나19 초기, 방역을 핑계로 누군가의 동선과 사생활을 속속들이 공개되며 인권유린과 혐오가 정당화되는 것을 비판했습니다. “한 사람의 소중한 개인정보와 일상이 욕과 비난, 동정과 연민의 탈을 뒤집어쓰고 전시되었다”고도 지적했습니다.

확진자뿐만 아니라 확진자가 다녀갔다는 이유로 미움과 경계의 대상이 되고 새로운 편견과 혐오가 재생산되기도 합니다. 서울 서대문구에서 사업체를 운영하는 35살 이모 씨는 2020년 6월을 “종일 울었던 여름”으로 회상합니다. 보건소에서는 확진자가 나왔더라도 다중이용시설이 아니면 사업장 이름은 비공개라고 설명했지만 TV에는 업체가 그대로 노출됐습니다. 곧바로 “저기 가면 코로나19 걸린다”는 근거 없는 소문이 돌기 시작했고 때마침 터진 이태원발 확진자가 연관됐다는 루머까지 나오며 사업을 접을 수밖에 없었습니다.

하지만 이 씨는 동선 공개에 따른 피해보상을 아직도 받지 못하고 있습니다. 그리고 이러한 코로나19 초기 확진자들의 동선은 박제돼 여전히 온라인을 떠돌고 있습니다. 대부분의 시민들은 공공의 안전을 위해 개인 사생활 침해를 용인했지만 방역을 위한 과도한 개인정보 활용 문제는 앞으로 사회적 합의가 이뤄져야 할 부분입니다.

자료사진 대전시가 발표한 코로나19 확진자 이동경로(출처: 대전시 홈페이지)

대전시 코로나19
확진자 이동경로

1257번

확진자 진술에 따른 이동경로(2. 20 ~ 2. 26)
※ 이동 · 근무 중 마스크 상시 착용

날짜	시간	이동경로
20(목)	(17:00)	자택(오정동) 근처 오정동농수산시장 (오정동) 승강장 → 버스(102번) → 진달래아파트 승강장(월평동)
	(18:00)	월평역 / 야간근무
21(금)	(09:00)	월평역 → 선물같은오늘(청주 가경동) → 자택(지인 자가용 이용)
22(토)	(13:00)	자택 → 하나로이비인후과의원(중리동) → 한아름약국(중리동)
	(14:30)	근로복지공단대전병원(선별진료소)(법동) → 자택
	(17:00)	월평역(자가용) / 야간근무
	(23:30)	월평역 → 자택(자가용)
23(일)	(13:00)	자택 → 서구보건소(선별진료소) → 자택(자가용)

2

반복되는 요양병원 시설의 비극… 코로나19 감옥이 된 코호트 격리

우리는 청도대남병원을 기억하고 있습니다. 경북 청도군에서 종합병원급으로는 유일한 청도대남병원은 코로나19 발생 초기 집단감염이 발생했습니다. 방역 당국은 코로나19의 외부 확산을 막기 위해 특정 질병에 노출된 사람을 동일 집단으로 묶어 격리하는 코호트Cohort 격리를 이곳 대남병원에서 처음 시행했습니다. 병원 안에 있는 사람들을 밖으로 나오지 못하도록 건물을 폐쇄한 겁니다.

하지만 결과는 참담했습니다. 전체 입원환자 6명 가운데 1명 꼴인 114명이 확진됐고 외부 확산도 막지 못했습니다. 특히 코호트 격리로 정신과 폐쇄병동에서는 99%가 넘는 사람들이 감염돼 코로나19 첫 사망자를 포함해 7명이 숨졌습니다. 이후 코호트 격리는 치료를 위한 격리가 아닌 죽어서야 나올 수 있는 코로나19 감옥이라는 말로 변질되기 시작했습니다. 당시 사태를 겪은 간호사와 환자들은 버려졌다는 생각이 들었다고 했습니다.

사실 코호트 격리는 환자 1명당 1인실 격리가 어려울 때 한해 일시적으로, 감염자와 비감염자가 같은 공간에 있지 않도록 시행되어야 합니다. 원칙적으로는 감염자에 대한 시설 밖으로의 이송 또는 분리를 먼저 시도해야 하고, 최소한의 기한을 정해야 합니다. 하지만 청도대남병원 이후 코로나19 기간 내내 우리나라에서 행해진 코호트 격리에서는 원칙이 무시되는 상황이 되풀이해서 일어났습니다.

결국 환자들이 보호 대상이 아닌 격리대상이자 잠재적 전파자라는 시각이 만든 코로나19 감옥입니다. 그리고 이러한 코로나19 감옥은 생에 마지막 쉼터가 되어야 할 요양원과 요양병원에서 현재도 이어지고 있습니다. 방역 당국은 요양원과 요양병원에서 환자만 발생하면 환자를 병원으로 이송하는 대신 추가 감염 방지를 목적으로 코호트 격리를 내리고 있습니다.

대구 한마음아파트에서는 46명의 확진자가 나오자 국내 최초로 아파트를 통째로 격리시키기까지 했습니다. 외부 확산 방지가 가장 큰 목적이지만 안에 있는 사람들에게는 실제로 감옥과 다를 바 없습니다. 코호트 격리가 내려지면 확진자와 비확진자가 뒤섞인 채 밀폐된 공간에 머물게 될 수밖에 없습니다. 결국 인력 부족으로 기본적인 돌봄도 불가능한 상황 속에 가뜩이나 감염에 취약한 고위험군 확진자가 많은 요양원과 요양병원에서는 순식간에 전체 환자로 퍼지게 됩니다. 코로나19 감염과 확산을 막고 효과적인 치료를 위한다는 코호트 격리가 외려 코로나19 확산과 치료방치의 원인이 되고 있는 겁니다.

정기석 한림대성심병원 호흡기내과 교수는 이러한 상황을 "코호트, 동일 집단이 아니고 환자와 비환자가 섞여 감금당하는 것"이라고 표현했습니다. 그리고 이러한 행정 편의적 코호트 격리가 원인으로 작용하면서 우리나라 사망자 10명 가운데 4명은 요양원과 요양병원에서 발생했습니다.

3

살릴 수 있는 사람도 못 살렸다…
코로나19 풍선효과 '초과 사망'

초과 사망excess death을 아십니까? 질병이 유행하거나 대형사고 등 특이한 원인으로 통상 수준을 넘는 사망자가 나왔을 때 '늘어난 사망자 숫자'를 말합니다. 그럼 이번 코로나19 사태는 어떨까요? 정부의 공식통계상 코로나19 사망자는 2022년 5월 기준 2만4천여 명이지만 여기에는 코로나19 격리가 해제된 뒤 합병증으로 숨을 거둔 사람과 확진 판정을 받기 전 눈을 감은 환자 등은 빠져 있습니다. 이런 직접적인 경우만이 아니더라도 응급상황에서 코로나19 환자로 인한 병상 부족으로 제때 치료를 받지 못해 숨진 경우나 의료진이 확진돼 수술·치료가 미뤄지는 바람에 상태가 악화해 유명을 달리한 경우 등도 코로나19 초과 사망으로 볼 수 있습니다. 의료공백에 따른 피할 수 있었던 죽음인 것이죠.

코로나19 발생 초기이던 2020년 3월 급성폐렴으로 세상을 떠난 17살 정유엽 군 역시 초과 사망의 한 예입니다. 정 군은 40도가 넘는 고열 증상이 나타나면서 코로나19가 의심된다는 이유로 병원에 입원하지 못했습니다. 증상이 나타난 뒤 4일 넘게 방치됐고 결국 폐렴 증상이 심해져 피를 토해 온몸과 얼굴이 피투성이가 됐습니다. 우여곡절 끝에 병원에 실려 가며 정 군이 말한 '엄마, 나 진짜 아파'는 마지막 말이 됐습니다.

정 군의 아버지는 추모편지를 통해 유엽 군이 사회의 불합리한 제도 때문에 안타깝게 희생됐다고 강조했습니다. "유엽이의 죽음이 어쩔 수 없었던 불행한 가족사로 기록되지 않고 사회가 함께 나서서 개선해야 할 사건임을 분명히 강조하면서 지금까지 견뎌오고 있습니다. 하지만 아직도 정부에서는 진상규명을 위한 어떠한 노력도 하지 않고 있습니다."

서울의 대학병원에서 1년 넘게 항암 치료를 받아오다 숨진 83살 김모 할아버지 역시 초과 사망 피해자입니다. 김 할아버지는 2022년 3월 병원 안에서 코로나19에 감염됐습니다. 코로나19 증상이 심해지면서 스스로 숨을 쉬기도 어려운 상태가 되자 격리된 중환자실에서 코로나19 증상과 암 치료를 동시에 받았습니다. 이후 코로나19 환자는 격리 중환자실에서 20일 넘게 입원할 수 없다는 정부 지침에 따라 다른 병실로 옮길 수밖에 없었습니다. 병상 부족을 해결하기 위한 강제조치였습니다.

결국 김 할아버지는 격리 중환자실에서 나온 뒤 2주 만에 병세가 악화돼 숨졌습니다. 하지만 김 할아버지는 공식적으로는 정부의 '코로나19 사망자' 집계에 포함되지 않았습니다. 코로나19 격리가 해제됐기 때문입니다. 방역 당국은 '코로나19 사망'을 코로나19 격리 기간 중 사망하거나, 사망 뒤 코로나19 감염이 확인된 경우로 제한하고 있습니다. 코로나19 격리 해제 이후 사망은 코로나19가 사망원인이라고 의사가 판단하는 경우만 포함합니다.

유족들은 이해할 수 없다고 항변합니다. "아버지가 보균하신 채로 돌아가신 것으로 확인돼서 시체검안서 상에는 '코로나19 사망자'로 표기돼 있었거든요. 병원에서는 염도 못 하게 하더라고요. 저희는 방역복 입고 아버지 멀리서 보게 하고… 그렇게 장례를 치렀습니다. 그런데 화장 다 끝나고 나서야 '검사 8일 차에 돌아가셨으니 코로나19 사망자로 간주하지 않는다'는 이야기를 들었습니다." (유족 김모 씨)

비단 정 군과 김 할아버지뿐 아니라 코로나19로 살릴 수 있던 목숨을 잃은 경우도 너무 많습니다. 의료진도 난감합니다. 코로나19에 걸려 치료를 받다 숨진 환자인데 보호자에게는 고인은 코로나19 사망자가 아니라고 말해야 하는 경우가 많습니다. 그렇다고 초과 사망자를 왜 코로나19 사망자 집계에서 빼느냐고 항의하는 것은 어렵습니다. 서울의 한 요양병원 의료진은 이렇게 말했습니다. "저희 환자 한 분이 딱 격리 해제 기간에서 4시간을 넘기고 돌아가셨어요. 코로나19로 인한 사망으로 신고했죠. 그런데 다음 날 승인해줄 수 없다고, 신고를 철회하라고 보건소에서 연락이 왔습니다. 그러면 보호자에게 어떻게 이야기하느냐 했더니 '안타깝지만 나라에서 해 드릴 것은 없다. 그냥 알아서 장례 치르시고 알아서 하시면 된다 안내하라'고 하더라고요."

이렇게 코로나19 초과 사망으로 숨진 사람은 실제 코로나19 사망자를 넘어섭니다. 실제 통계청 인구동향에 따르면 위중증 환자 급증으로 '병상 대란'이 발생했던 2021년 12월 사망자 수는 3만1,634명으로 코로나19가 시작되기 전인 2017~2019년 12월 평균 사망자 수보다 5,000명 가까이 늘었습니다. 김우주 고려대 구로병원 감염내과 교수는 "실제 코로나19 관련 사망자는 집계된 사망자의 2~3배일 수 있다"고 말합니다. 의학저널 '랜싯'Lancet에도 2020년 1월~2021년 12월 세계 187개국의 코로나19 관련 총 사망자가 1,820만여 명으로, 공식 코로나19 사망 집계치(594만 명)의 3배 이상으로 나타났다는 연구 결과가 발표되기도 했습니다.

4

23년 장사 호프집 사장님의 비극… 코로나19가 초래한 '자영업자 타살'

2021년 9월 서울 마포에서 23년째 호프집을 운영하던 57살 A씨가 숨졌습니다. 코로나19가 가져온 비극입니다. A씨가 운영하던 가게는 코로나19가 길어지면서 매출이 절반에서 3분의 1로 줄었습니다. 거리두기로 영업 제한 조치가 강화된 2020년 말부터는 손님이 뚝 끊기며 하루 매출이 10만 원 이하로 꺾였습니다. A씨는 4개였던 가게를 100석 규모의 가게 1곳으로 정리했지만 월세 1,000만 원과 직원들 월급도 감당할 수 없는 처지로 몰렸습니다. 결국 감당할 수 없는 상황에 원룸 보증금을 빼 직원들 월급을 챙겨준 뒤 스스로 목숨을 끊었습니다. 숨진 A씨 옆에서 발견된 휴대전화에는 빚 독촉과 함께 집을 비워달라는 문자메시지들로 가득했습니다.

장사가 삶의 전부였던 A씨에게 코로나19는 견딜 수 없는 재난이었던 겁니다. 장사에 바빠 사진 찍을 겨를조차 없던 A씨는 영정사진 속에서도 앞치마 차림이었습니다. 장례식장에서 만난 김수만 씨는 20년을 동고동락한 동료의 죽음이 아직도 믿기지 않는 모습이었습니다. "너무 황망합니다. 거의 가게에서 먹고 살다시피 하며 일만 했어요. 옷도 사 입는 법이 없어 제 결혼식장에도 앞치마를 입고 왔던 분이에요. 그런데 이렇게 하려고 그렇게 억척스럽게 장사를 했을까요. 고작 이렇게 가려고."

코로나19가 목숨을 앗아간 사람은 A씨만이 아닙니다. 같은 달 전남 여수의 치킨집 사장도 경제적으로 힘들다는 유서를 남기고 세상을 떠났고 임대료가 몇 달째 밀렸던 강원도 원주의 유흥업소 사장 역시 스스로 목숨을 끊었습니다. 2022년 새해 첫날에는 대구의 한 헬스장 관장이 숨진 채 발견됐고 인천에서 라이브카페를 운영하던 50대 자영업자도 생활고를 호소하다 숨졌습니다.

코로나19 이후 수많은 자영업자들이 사채로 빚을 돌려막다 신용불량자로 전락했고 생활고를 비관해 극단적 선택을 한 이들이 적지 않습니다. 자영업자연합이 파악한 숫자만 26명이고 알려지지 않은 숫자까지 포함하면 훨씬 더 많습니다. 실제로 코로나19 위기는 자영업자들에게는 생존권의 위협이었습니다. 2년 넘게 이어진 사회적 거리두기와 집합금지, 영업제한 명령은 자영업자들에게는 사형선고와 다를 바 없었기 때문입니다. 스스로 결정할 수 없이 나라에서 정하는 대로 따라야 했고 절망감은 커져만 갔습니다.

취재 현장에서 만난 자영업자들은 절박했습니다. "이제는 주변에 힘들다 어렵다는 얘기를 할 수도 없어요. 대출로 대출을 막는 것도 한계가 있고요. 사채 아니면 돈을 빌릴 곳도 없어요. 난 정말 열심히 살았다고 생각하거든요. 근데 왜 이렇게 무너져야 하나요"(자영업자 B씨)

"직장인들은 아무리 힘들어도 꼬박꼬박 월급이라도 나오죠. 우리는 매출이 없다고 자재비 줄이고 아르바이트를 줄여도 임대료까지 깎을 수는 없잖아요. 수입이 0원이 아니라 마이너스예요. 어제도 혼자 마감하고 집으로 가는데 그냥 눈물이 나더라고요"(자영업자 B씨)

결국 자살은 자영업자들에게 유행병으로 번졌습니다. 그리고 이들의 죽음은 결코 개인의 선택이 아니었습니다. 우리 사회가 이들을 보듬고 살피는 데 그만큼 관심을 덜 기울였기 때문입니다. 결국 국가가 죽음으로 내몬, 사회가 죽음을 강요한 '타살'로 봐야 합니다. 사회적 타살이라는 표현이 결코 과장되거나 지나친 것이 아닙니다. 코로나19 피해를 줄일 수 있었던 것도 소상공인들의 희생과 협조가 있지 않고서는 불가능했지만, 우리 사회가 이들의 고통을 덜어주는 노력을 얼마나 했는지는 의문스럽습니다. 정부가 선심 쓰듯 지급한 재난지원금은 그야말로 새 발의 피에 불과했습니다. 임대료와 인건비 등 손실금액과 상관없이 일률적으로 지원된 점도 문제입니다.

결국 자영업자들이 코로나19 방역 때문에 극한 상황에 내몰려 유행병처럼 극단적 선택을 하는 것은 우리 사회가 비정상임을 단적으로 보여주고 있는 현상입니다. 코로나19 방역 못지않게 자영업자들과 소상공인들이 더는 생명을 버리지 않도록 국가는 모든 수단을 동원해야 할 것입니다.

5

한 달 초과근무 117시간…
어느 방역공무원의 죽음

35살 천민우 씨는 원래 보건소에서 물리치료를 전담하는 공무원이었습니다. 하지만 코로나19가 터지면서 본인 업무와 무관한 코로나19 상황실로 파견됐습니다. 일손 부족이 이어지자 2021년에는 아예 발령이 났습니다. 확진자의 동선 관리를 담당하는 동선팀이었습니다.

근무는 고단하고 버거웠습니다. 확진자가 나올 때마다 현장조사에 나서야 했습니다. CCTV를 분석해야 했고 접촉자들을 분류했습니다. 당장 생계를 멈춰야 하거나 불편에 처할, 분노한 시민을 만나고 설득하는 일이었습니다. 여기 더해 코호트(동일집단 격리) 시설에 물품을 지원하는 업무까지 떠맡았습니다. 일 잘하는 사람에게 어렵고 많은 업무가 부여되는 법이죠. 소탈하지만 싫은 소리 못 하는 민우 씨의 성격도 한몫했습니다. 그렇게 아침 9시 출근해 밤 10시 넘어 퇴근하는 나날이 반복됐습니다. 주 6일 또는 주7일 근무했고, 퇴근 후에도 쏟아지는 카카오톡 메시지에 제대로 쉬지 못했습니다. 그렇게 2021년 7월에는 정해진 시간보다 117시간을, 8월에는 110시간을 더 일했습니다. 그리고 2021년 9월 15일 민우 씨는 스스로 목숨을 끊었습니다.

숨지기 전날 역시 욕설 섞인 민원전화를 받아야 했습니다. 민원인들은 점심시간이라는 안내에 '내 세금으로 밥 처먹냐' 등 막말을 쏟아냈습니다. 가슴에 꽂힌 분노의 말들은 쉽게 사라지지 않았고 옆에 앉은 동료에게 "이 나이 먹고 이런 취급을 받는 내 자신이 너무 초라하다"라고 했던 이야기가 마지막 말이 됐습니다. 공무원으로 임용된 지 1년 9개월 만의 죽음이었습니다.

유서는 따로 남기지 않았지만 조사 결과 민우 씨의 죽음은 장시간 노동과 민원 스트레스가 원인으로 확인됐습니다. 특히 파견 이후 9개월이 넘도록 이어진 장시간 노동을 언제까지 이어가야 할지 가늠할 수 없는 처지에 대한 절망이 방아쇠 역할을 했습니다. 민우 씨의 죽음으로 해당 업무의 강도는 바뀌었을까요? 그렇지 않습니다. 민우 씨와 함께 일하던 동료 직원은 해가 지고도 한참 뒤에 혼자 분향소를 찾아 왔습니다. 비보를 듣고도 애도할 시간 없이 상황실에서 일해야 했습니다. 겨우 업무를 마치고 찾은 분향소에서 그는 고개를 숙인 채 꽤 긴 시간 조용히 눈물을 흘렸습니다.

민우 씨에 앞서 2021년 5월 또 다른 공무원도 목숨을 끊었습니다. 부산의 보건소에서 일하던 33살 이한나 씨입니다. 한나 씨는 숨지기 하루 전 토요일까지 출근했습니다. 코호트 격리 병원 업무를 맡아 극심한 스트레스에 시달린 한나 씨는 "너무 부담이 돼서 어떻게 해야 할지 모르겠다"고 주변에 토로했습니다. 숨지기 전날에는 동료들에게 "정말 멘붕"이라는 카카오톡 메시지를 남겼습니다. 우울증과 극단적 선택, 한나 씨가 휴대전화에 남긴 검색 기록들입니다. 그러면서도 마지막까지 동료들을 걱정했습니다. 자신 때문에 다른 사람들이 고생해서 미안하다고 했습니다.

조사 결과 한나 씨 역시 코로나19로 가중된 업무 부담이 극단적 선택을 한 주요 원인으로 지목됐습니다. 숨지기 전까지 6개월 동안 기록된 초과근로시간만 460시간이었습니다. 일은 사무실 밖에서도 끊임없이 이어졌고 업무 카카오톡방 10여 곳에서는 새벽 5시 30분부터 이튿날 새벽 2시까지 쉴 새 없이 업무지시가 오갔습니다. 늘어나는 업무에 몸도 정신도 여기저기서 신호를 냈지만 휴가도, 병가를 낼 수도 없었습니다. 이미 과부하 상황에서 내가 빠지면 누군가 대신해야 한다는 미안함이 그렇게 스스로 버티다 잘못된 선택이 된 겁니다.

진상 조사단은 "개인이 모든 것을 감당하게 만드는 공직사회의 구조적 병폐가 고인을 죽음으로 내몰았다"고 말했습니다. 실제로 코로나19 이후 공무원들의 극단적 선택은 급증했습니다. 2021년 한 해 동안 순직을 인정받은 공무원은 62명이었고 이 가운데 과로사는 30명, 자살은 10명이었습니다. 대부분 코로나19 관련 업무를 맡았던 공통점이 있습니다. 민간과 비교해 공무원의 극단적 선택은 두 배 수준에 달합니다.

이제 우리는 바뀌어야 합니다. K방역은 코로나19로부터 국민들의 안전을 지켜냈다고 스스로 평가하지만 정작 K방역을 집행하는 방역 현장 노동자들의 삶을 지키지는 못했습니다. 정부는 K방역이 전 세계 방역의 표준이라고 홍보하기 전에 그 K방역을 성공하도록 만든 이들 역시 안전하고, 건강하게 일할 수 있도록, 제도와 정책 개선을 해야 합니다. 민우 씨와 한나 씨의 죽음이 헛되지 않기를 기원합니다.

자료사진 스스로 목숨을 끊은 천민우 주무관 2021년 초과근무 내역(출처: 천민우 주무관 과로사 원인 조사위원회 조사결과 보고서)

---

② 2021년 초과근무 내역

고인은 2021년 부평보건소 코로나19상황실로 정식발령을 받은 후 규모가 큰 다중이용시설, 종교시설, 교육시설, 의료기관 등에서의 확진자 동선파악 업무와 접촉자 분류 업무를 담당하였다.

<표 3> 고인의 2021년 초과근무 내역 (단위: 시간)

1월	2월	3월	4월	5월	6월	7월	8월	9월 (9.1~14)
116	86	68	66	64	53	117	110	58

6

섬이 된 인간,
누구를 위하여 종은 울리나

“인간은 누구도 섬으로 살 수 없다. 우리는 모두 인류라는 대륙의 일부이며 바다의 일부다. 흙 한 줌이 파도에 씻겨나가면 대륙이 그만큼 작아지듯, 타인의 죽음은 나를 줄어들게 만든다. 그러니 누구를 위하여 종이 울리느냐고 묻지 말라. 지금 들리는 조종은 바로 그대를 위해 울리고 있다.” 17세기 영국의 성직자이자 시인이던 존 던이 쓴 이 글은 명상록 17편Meditation 17의 일부입니다. 당시 영국은 전염병으로 많은 사람이 죽어나갔고 교회에서는 죽음을 알리는 조종을 쳤습니다. 때문에 종소리를 들으며 또 한 사람이 죽어가는구나 하고 사람들은 짐작할 수 있었죠.

어느 날 존 던이 전염병에 감염된 채 자리에 누워 누군가의 조종 소리를 듣고 그때까지 남의 죽음으로만 알았던 그 소리가 바로 자신의 종소리임을 깨닫고 그 깨달음을 명상록에 적어놓은 겁니다. 1940년 어니스트 헤밍웨이가 동명의 소설을 내면서 이 문구가 더 유명해졌습니다. 하지만 이런 존 던의 깨달음과 달리 코로나19 시대 사람들은 다시 섬으로 변하고 있습니다. 코로나19 확산 이후 의료체계가 감당할 수 없을 정도로 환자들이 쏟아지면서 세계 각국에서는 병상을 기다리다 숨지는 사람들이 셀 수 없을 정도로 늘어났습니다.

선진국인 유럽과 미국에서조차 장례를 치르지 못한 시신들이 거리에 방치되는 일이 잇따랐습니다. 중국에서는 코로나19 확산을 막겠다며 유족이 장례를 치르는 것은 물론 유골을 수습하는 것마저 금지했습니다. 우리나라도 마찬가지입니다. 델타와 오미크론 확산 이후 코로나19 사망자가 급격히 늘며 전국의 장례식장은 3일장을 넘어 5일장, 10일장을 하는 일까지 벌어졌습니다. 빈소와 화장시설이 포화상태에 이르면서 장례가 줄줄이 지연됐기 때문입니다.

일부 장례식장에서는 화장장에 옮기지 못한 시신을 상온에 방치하기도 했습니다. 보관 냉장고가 꽉 차면서 시신을 2구씩 겹쳐 넣어도 자리가 모자랐다는 이유입니다. 화장 절차도 문제입니다. 우리나라에서는 코로나19 발생 이후 2022년 초까지 코로나19 확진자가 숨지면 무조건 화장을 해야 했습니다. 정부가 코로나19 사망자는 곧바로 화장해야 장례 지원비를 지급하며 '선화장 후장례'를 사실상 강제했기 때문입니다. 사망자는 수의조차 입지 못한 채 의료용 팩에 밀봉돼 병원 안치실로 이동한 뒤 그대로 관에 옮겨집니다.

화장은 일반인들의 장례가 마친 이후에나 가능합니다. 화장터로 옮겨질 때 운구는 가족이 할 수 없고 방역복을 입은 장례지도사가 진행합니다. 유가족들은 코로나19 사망자를 떠나보내는 마지막 순간에도 관 가까이 접근할 수 없습니다. 그저 관만 확인하고 고인을 보내야 합니다. 애도에 주어진 시간은 고작 30초 내외에 불과합니다. 인간의 존엄성은 무시되고 사랑하는 이의 죽음을 애도할 당연한 시간마저 빼앗긴 겁니다.

세계보건기구WHO는 이미 2020년 3월 '시신으로부터 코로나19에 걸릴 수 있다는 증거는 없으며 시신을 화장해야 한다는 것은 흔한 미신에 불과하다'라는 가이드라인을 내놓았지만 정부는 유족들의 항의가 빗발치자 뒤늦게 2022년 1월 방역지침을 바꿨습니다. 코로나19로 가족을 잃고 마지막 가는 길마저 제대로 배웅하지 못한 가족들은 아직도 애도하는 법을 찾고 있다고 했습니다.

종교를 믿지 않지만 천도재를 지내고 제사상과 차례상에는 병원 밥마저 제대로 먹지 못했던 고인을 위해 평소 좋아하던 음식을 올립니다. 그렇습니다. 우리는 다시 한번 뒤돌아봐야 합니다. 코로나19는 여전히 사람들을 고립시키고 소리 없이 목숨을 앗아가고 있습니다. 남은 사람들은 죄의식 속에 슬픔과 공허함을 견뎌야 합니다. 존 던은 인간이 섬으로 살 수 없다고 말했지만 코로나19는 그렇게 인간을 섬으로 만들고 있습니다. 그리고 섬이 된 인간은 이 시간에도 곳곳에서 홀로 가라앉고 있습니다.

자료사진 명상록을 통해 사람은 누구도 섬이 아니라고 주장한 존 던의 초상화(출처: 위키코먼스)

자료사진 코로나19 사망자 화장 절차를 보도하는 JTBC뉴스(출처: JTBC)

5

방역과 일상 사이 '줄타기'… 사회적 거리두기

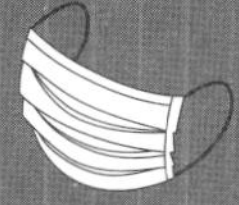

1

사회적 거리두기는 왜 필요한가?… 완만한 곡선의 중요성

인간은 바이러스 앞에 나약한 존재입니다. 바이러스는 우리 몸에 침투한 뒤 자기복제를 통해 증식하고 다른 사람을 전염시키며 생명을 이어갑니다. 이런 바이러스에 대항하기 위한 수단은 사실 몇 개 없습니다. 가장 큰 무기는 백신이고 그다음이 치료제입니다. 다만 코로나19처럼 전혀 새로운 바이러스가 등장할 경우가 문제입니다. 백신과 치료제 개발에 오랜 시간이 걸리는 만큼 그전까지 우리가 할 수 있는 유일한 선택은 다른 사람들과의 접촉을 최소화하거나 피하는 것입니다. 바로 사회적 거리두기입니다.

그리고 코로나19처럼 대유행을 몰고 온 바이러스를 막으려면 개인의 행동까지 제한하는 강화된 거리두기가 필요합니다. 만약 사회적 거리두기가 없다면 무슨 일이 일어날까요? 앞서 언급한 것처럼 사회적 거리두기는 감염병의 전파를 가능한 줄여서 의료시스템이 제대로 작동할 수 있도록 유지하는 것이 기본적인 목표입니다. 아무리 의료수준이 발달한 국가라도 해도 병원에서 받을 수 있는 환자의 수는 한계가 있기 때문이죠. 사회적 거리두기 없다면 병실은 전염병 환자로 순식간에 가득 차게 되고 그 순간 의사는 어쩔 수 없이 살려야 하는 환자와 그럴 수 없는 환자를 구분해야 합니다. 여기에 전염병이 의료진마저 감염시키면 전염병과 관련 없는 환자도 감염되는 것은 물론이고 소방과 경찰, 행정 인력의 감소가 도미노처럼 이어지며 결국 정부 시스템의 마비라는 결과를 가져오게 됩니다. 그러니까 우리가 전염병을 완전히 막을 수 없다면 우리가 감내 가능한 범위에 있도록 전염병 발병곡선을 조절할 필요가 있는 겁니다. 이른바 '전염병 곡선의 평탄화' 작업입니다.

전염병이 퍼지기 시작할 때 행사들을 취소하고 모임을 자제해야 하는 이유가 여기 있습니다. 팬데믹 상황에서 전염병을 완벽히 통제할 수 없다면 (**그림에서 보듯이) 거리두기를 하지 않을 때와 거리두기를 할 때의 환자 숫자는 크게 다르지 않습니다. 결국 전염병을 완벽하게 막을 수 없다면 전염병이 더 길게 이어지더라도 한 번에 병에 걸리는 사람 수를 통제해 의료시스템이 모든 사람을 올바르게 치료하자는 취지입니다. 그리고 그 사이 번 시간을 통해 백신과 치료제를 개발해 전염병을 마무리 짓도록 하자는 거죠.

방역 당국이 강한 선제적 조치를 해야 할 필요가 여기 있습니다. 다만 사회적 거리두기를 통한 곡선의 평탄화 작업이 언제나 정답은 아닙니다. 바이러스의 세대가 누적되면 누적될수록 변이 바이러스가 나타날 확률은 커지기 때문입니다. 이러한 변이 바이러스는 새로운 전염병 곡선을 만들게 되고 이는 기존의 노력을 싸그리 상쇄시키는 새로운 국면으로 작용하게 됩니다. 그리고 그것이 바로 우리가 알고 있는 오미크론입니다.

자료그림 감염병평탄화곡선의 중요성(출처: CDC)

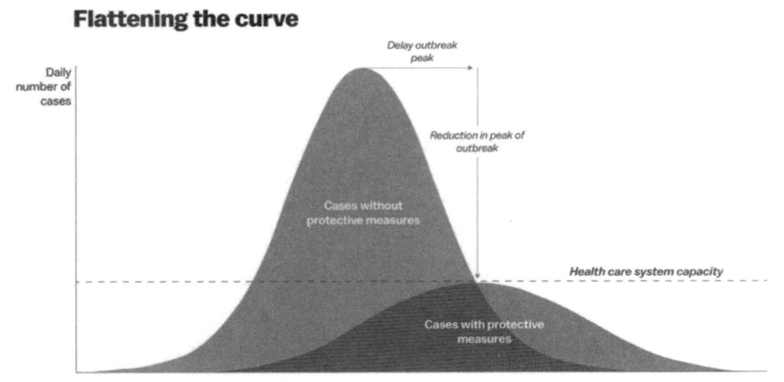

2

사회적 거리두기 어떻게 결정됐나…
방역과 경제의 복잡다단한 상관관계

"누군가 설계했다고 하는 것은 적절치 않습니다. 집단지성으로 만들어졌습니다." 거리두기가 어떻게 결정됐냐는 질문에 대한 방역 당국의 공식 답변입니다.(2021년 7월 13일 손영래 사회전략반장) 코로나19를 막기 위해 '사회적 거리두기'가 등장한 것은 2020년 2월 29일입니다. 당시는 외출이나 사람 간 접촉을 자제해달라는 당부와 권고 수준이었습니다. 하지만 신천지발 1차 유행이 번지면서 이 권고에 법적 조치가 더해집니다. 그리고 나서 2020년 3월 22일 유흥시설, 실내 체육시설, 종교시설 등의 운영을 보름간 중단했는데, 이게 집합 금지 명령이 더해진 사회적 거리두기의 시작이었습니다.

이때부터 사회적 거리두기는 매덕스 빰치는 변화구를 선보였습니다. 2년 1개월 만인 2022년 4월 18일 마무리될 때가지 거친 조정만 40

번이 넘습니다. 방역 당국이 내세운 거리두기 목표는 간단합니다. 앞서 살펴본 것처럼 모일 수 있는 인원과 장소, 시간을 제한해 감염병 확산을 최대한 막는 겁니다. 하지만 그 대가는 그렇게 간단한 게 아니었죠. 단순히 생활의 불편함을 넘어 이동권과 자기결정권 등 기본권의 영역까지 침범했고 거리두기 조치의 실질적 피해를 떠안은 자영업자, 소상공인의 비명은 끊이지 않았습니다.

결국 거리두기는 누구도 만족하지 못했고 효과도 체감할 수 없는 이상한 결과물로 이어졌습니다. 그리고 누가 봐도 이상한 결정이 가능했던 건 방역 당국이 주장하는 집단지성이 아닌 비정상적인 의사결정 구조 탓입니다. 정부는 2~3주마다 사회적 거리두기를 조정하며 그에 앞서 '일상회복지원위원회'를 열었습니다. 국무총리를 위원장으로 각 장관들과 질병청장이 참석하는 정부위원과 △경제민생 △사회문화 △자치안전 △방역·의료 4개로 구성된 민간위원회로 구성돼 있는 구조입니다. 거리두기 설계를 어떻게 했느냐는 질문에 집단지성이라는 답변이 나온 것이 바로 이 민간위원회의 의견을 들었다는 겁니다.

하지만 실제로는 형식적 의견 수렴에 그쳤습니다. 위원회에 일반 국민 대표는 없었고 주도적인 결정을 이끌어야 할 감염병 전문가는 그저 4개 민간위원회 중 하나였습니다. 결국 전문가들의 경고는 무시됐고 거리두기 조정은 결국 국무총리와 관계 부처 장관이 모인 비공개 회의에서 최종 결정됐습니다.

방역·의료 자문위원을 맡았던 이재갑 교수는 오미크론 사태 확산 초기 "심각한 현장 상황에도 자문의원들 의견을 받아들이지도 않는다"

며 위원직을 사퇴했습니다. 감염병 전문가인 김우주 교수 역시 거리두기가 "과학을 기반으로 하지도, 위기관리 소통에 일관성도 없었다"라고 비판했습니다. 결국 매뉴얼도, 마스터플랜도 없는 상태에서 정치인의 결정이 방역 정책으로 결정되는 구조였습니다.

다만 거리두기 결정 과정에서 정치의 역할이 필요 없는 것은 아닙니다. 사실 방역과 경제는 큰 틀에서 반비례 관계입니다. 방역을 강조하면 경제는 곤두박질칠 수밖에 없고 경제를 우선하면 방역은 여기저기 구멍이 뚫립니다. 경제를 우선한 결정이 곧바로 경기 개선으로 이어진다는 보장은 없고 반대로 방역을 강화한다고 방역이 코로나19를 빈틈없이 막을 수 있는 것도 아닙니다. 경제를 선택한 뒤 방역 상황 악화가 일정 경계점을 넘어서 확산하면 경제성장은 불가능하고 방역 최우선인 정책을 이어간다고 해도 과다한 방역으로 시민들의 피로감이 일정 수준을 넘어가면 역효과가 나기 때문입니다.

결국 방역과 경제의 관계는 일차 방정식이 아닌 복합 방정식일 수밖에 없습니다. 때문에 이런 방정식을 풀어나가는 것이 정치의 역할이기도 합니다. 방역과 일상이라는 줄타기에서 한쪽으로 치우치게 되면 추락할 수밖에 없습니다. 그리고 이 조정을 해야 하는 역할이 정치이기도 합니다.

국가가 국민의 생명과 안전을 지키기 위해 취할 수 있는 조치는 어디까지일까요? 법률을 기반으로 하는 행정권과 감염병 예방 내지 방역이라는 이름으로 행하는 행정조치는 어떻게 실행되어야 정당한 것일까요? 거리두기는 마무리됐지만 우리에게는 풀어야 할 숙제가 아직도 많이 남아 있습니다.

자료사진 2020년 11월 2일 기준 사회적거리두기(출처: 보건복지부)

사회적 거리 두기 단계별 기준 및 방역 조치

보건복지부

지역 내 산발적 발생 (생활방역) / 지역적 유행 단계 (권역별 대응) / 전국적 유행 단계 (전국적 대응)

구분	1단계	1.5단계	2단계	2.5단계	3단계
개념	생활 속 거리두기	지역적 유행 개시	지역 유행 급속 전파, 전국적 확산 개시	전국적 유행 본격화	전국적 대유행
기준	주 평균 일일 국내 발생 확진자 수 - 수도권 100명, 충청·호남·경북·경남권 30명, 강원·제주 10명 미만	주 평균 일일 국내 발생 확진자 수 - 수도권 100명, 충청·호남·경북·경남권 30명, 강원·제주 10명 이상 60대 이상 주 평균 일일 확진자 수 - 수도권 40명, 충청·호남·경북·경남권 10명, 강원·제주 4명 이상	다음과 같은 세 가지 중 하나 충족 ① 유행권역에서 1.5단계 조치 1주 경과 후, 확진자 수가 1.5단계 기준의 2배 이상 지속 ② 2개 이상 권역에서 1.5단계 유행이 1주 이상 지속 ③ 전국 확진자 수 300명 초과 상황 1주 이상 지속	전국 주평균 확진자 400명~500명 이상이거나, 2단계 상황에서 더블링 등 급격한 환자 증가 상황 ※ 격상시 60대 이상 신규확진자 비율, 중증환자 병상수용능력 등 중요하게 고려	전국 주평균 확진자 800~1000명 이상이거나, 2.5단계 상황에서 더블링 등 급격한 환자 증가 ※ 격상시 60대 이상 신규확진자 비율, 중증환자 병상수용능력 등 중요하게 고려
준수사항	일상생활과 사회경제적 활동을 유지하면서, 코로나19 예방을 위해 방역수칙 준수	위험지역은 철저한 생활방역	위험지역은 불필요한 외출과 모임 자제, 사람이 많이 모이는 다중이용시설 이용 자제	가급적 집에 머무르며 외출·모임과 다중이용시설 이용을 최대한 자제	원칙적으로 집에 머무르며 다른 사람과 접촉 최소화

1/3

2020.11.2. 제작

3

거리두기 조정을 둘러싼 막전막후… 최종결정은 누가 했나?

코로나19 취재를 하면서 가장 곤욕이었던 것은 금요일마다 발표되던 거리두기를 미리 확인하는 거였습니다. 보통 2주 또는 3주 간격을 두고 발표되던 거리두기는 온 국민의 관심사였기 때문이죠. 발표에 앞서 '거리두기가 이렇게 바뀔 예정이다'라는 리포트를 할 때마다 그날 뉴스룸 시청률이 치솟았던 기억이 있습니다. 바뀌는 거리두기 내용에 따라 일정이 영향을 받을 수밖에 없다 보니 사람들의 관심이 컸기 때문입니다. 그래서 보건복지부 기자단 사이에서 가장 단독경쟁이 치열하게 펼쳐졌던 분야이기도 합니다. 하지만 그만큼 취재가 쉽지 않은 아이템이기도 했습니다. 이 거리두기는 확진자 추이와 위중증 및 사망자 추이, 의료 대응 역량, 여론 동향 등을 종합해 결정됩니다. 그리고 발표가 예정되면 보통 그 주의 수요일 정도부터 거리두기 조정을 위한 논의가 시작됩니다.

이때부터가 비상입니다. 본격적인 취재 경쟁이 시작되기 때문이죠. 정부가 공개 브리핑이나 기자회견에서는 논의 내용에 대해서 일절 입을 열지 않다 보니 논의에 참여하는 인사나 정부 고위관계자 등을 통해 종합적으로 취재를 해야 합니다. 불이 나게 전화를 돌리고, 읍소하고, 필요하면 만나야 합니다.

이렇게 꼼꼼히 취재를 해도 다 맞추기란 쉽지 않습니다. 내부적으로 합의가 이뤄져 결정이 되더라도 막판 뒤집히는 경우가 많았기 때문인데요. 그럼 왜 이런 일이 벌어졌을까요? 이 질문에 대한 답을 알려면 거리두기가 구체적으로 어떻게 결정되는지 좀 더 자세한 설명이 필요합니다.

거리두기는 앞서 살펴본 대로 민간전문가들로 이뤄진 일상회복지원위원회를 거쳐 나온 의견을 토대로 결정됩니다. 하지만 아시다시피 '방역'과 '경제활동'은 함께 성취하기는 힘든 주제이죠. (정확히 이야기하자면 반비례합니다.) 당연한 이야기지만 방역·의료 전문가들은 거리두기 강화를 통해 감염 확산을 막는 것에 더 가치를 두고, 경제민생 분과의 자영업과 경제단체 대표들은 거리두기 축소를 통해 모임인원과 영업시간을 늘리는 안을 내놓을 수밖에 없습니다.

때문에 결국 최종 판단은 국무총리가 주재하고 각 부처 장관이 참여해 비공개로 열리는 방역전략회의에서 결정됩니다. 보통 목요일 늦은 오후에 시작되는데 일상회복위원회의 안을 토대로 하지만 많은 부분이 수정됩니다. (일상회복위원회 안이 완전히 무시되는 경우도 종종 나왔습니다. 이 이유는 뒤에 다루겠습니다.) 여기서도 주로 의견대립이 나오는 부처가 보건복지부와 기획재정부입니다. 보건복지부 공무원들이 답답해하는 포인트도 여기 있는데 아무리 방역 강화의 필요성을 강하게 이야기해도 당장 부처 예산 결정 권한이 있는 기획재정부에서 방역 완화를 주장하면 벽에 가로막히는 경우가 많았다고 합니다.

이야기가 잠시 옆길로 새긴 했는데 어찌 됐건 이 방역전략회의가 일상회복지원위원회와 다른 점이 있다면 어쨌든 결론을 내려야 한다는 거겠죠. 그러면 끝이냐? 아니죠. 한 단계가 더 남아 있습니다. 그리고 꼼꼼히 취재를 해서 보도한 리포트가 뒤집히는 이유가 여기 있습니다. 바로 청와대의 재가입니다. 방역전략회의에서 방역 조치 강화에 대한 컨센서스를 이뤄서 거리두기 최종안을 결정하더라도 청와대 반대에 뒤집힌 경우가 많습니다.

대표적인 것이 바로 2021년 11월 1일입니다. 기억하실지 모르겠지만 이날이 바로 단계적 일상 회복인 위드 코로나19를 시작했던 날입니다. 거리두기 인원 제한은 남겨두었지만, 영업시간 제한 등 대부분의 수칙이 완화됐습니다. 당시 방역 당국은 브리핑을 통해 "방역 조치를 완화했을 때 다시 유행이 증가할 가능성까지 각오하고 대응할 준비를 했다"고 했지만 따로 취재를 통해 확인한 뒷이야기는 달랐습니다.

일상회복위원회는 물론 방역전략회의에서도 기존보다 강한 거리두기가 필요하다는 결정을 내렸지만 청와대가 "'후퇴는 안 된다'는 게 대통령의 생각"이라고 반대하면서 거리두기를 풀었다는 겁니다. 당시 청와대 관계자는 "대통령의 반대 수위가 방역 당국이 당혹스러워할 정도로 강했던 것으로 안다"고 전했습니다.

하지만 이렇게 하게 된 위드 코로나19는 실패로 끝났습니다. 11월 1일 신규 확진자는 1,686명, 위중증은 34명, 사망자 9명이었지만 한 달 뒤인 12월 1일은 신규 확진 5,123명, 위중증 723명, 사망자 34명으로 늘었습니다. 그리고 결국 단계적 일상 회복은 한 달 만에 중단됐습니다. 이후 모임 인원, 영업시간을 더 강력하게 제한하는 거리두기가 이어지면서 그동안 말없이 정부의 방역 정책을 따르던 국민의 반발은 커질 수밖에 없었습니다.

4

코로나19 바이러스는 야행성?…
영업시간 제한 근거는?

거리두기 조정에서 자영업자와 소상공인들이 가장 민감해했던 부분이 바로 영업시간 제한입니다. 인원제한은 6명이든 10명이든 크게 매출에 상관없지만 영업시간에 따라 매출 규모에 0이 하나 더 붙느냐 덜 붙느냐가 결정됐기 때문입니다. 이 때문에 많은 자영업자들은 거리두기 기간 내내 "코로나19가 밤에는 감염되고 낮에는 감염이 안 되느냐?"라며 "코로나19가 야행성도 아닌데 도대체 무슨 근거로 영업시간을 줄이거나 늘리는 것을 결정하냐"라고 반발했습니다.

기자로서 늘 궁금해 하던 부분입니다. 전문가들을 상대로 취재를 해봤는데 결론부터 이야기하면 구체적인 과학적 근거는 듣지 못했습니다. 다만 보건복지부 관계자로부터 왜 영업시간을 제한하는지에 대한 이유는 들을 수 있었습니다. "신용카드 데이터 분석을 보면 결제가 몰리는 시간이 있어요. 바로 1차와 2차 결제시간인데, 오후 9시 반쯤 한 번 결제량이 크게 오르고 11시 반쯤 또 한 번 튀거든요. 아무래도 그 시간 이전으로 영업을 제한하면 모임이 줄어들 거라고 보는 거죠. 인원제한보다는 시간제한이 훨씬 효과적이기도 하고요."

하지만 그렇게 정해진 시간 기준도 오락가락했습니다. 2021년 12월에는 영업시간을 1시간 늘리면 확진자가 97% 증가할 거라고 경고했지만 3개월 뒤에는 운영시간과 사적모임을 완화해도 확진자가 10~20% 늘어나는 데 그칠 거라며 거리두기를 풀었습니다. 델타와 오미크론 차이를 이유로 들긴 했지만 방역 완화를 우려하는 전문가와 전면 해제를 요구하는 자영업자들 사이에서 일관성을 지키지 못했다는 지적이 나온 이유입니다. 국회에서 방역당국에 시간대별 확진자 접촉 자료를 공개하라고 했지만 "그런 자료를 기록하지 않고 있다"고 답변하기도 했습니다.

시간뿐만 아니라 규제 대상에 대한 지적도 많았습니다. 김윤 서울대 의대 의료관리학 교수는 2021년 2월 중앙사고수습본부가 개최한 공개토론회에서 "사회적 거리두기로 규제를 하고 있는 식당, 카페, 실내체육시설은 전체 집단감염의 2% 정도"라며 "미용실은 10만 개 중 1개, 카페는 10만 개 중 3개가 집단감염 발생했는데 확진자 수가 많다는 이유로 나머지 9만9,997개가 문을 닫아야 하는 게 과학적 접근방식인지 묻고 싶다"고 꼬집었습니다. 실제 당시까지 코로나19 집단감염이 발생한 곳은 회사(20%)와 가족 또는 지인(18%), 종교시설(15%), 의료기관(10%) 순이었습니다. 전문가 집단인 신종감염병중앙임상위원회 역시 식당, 카페

영업시간을 제한하는 것이 오미크론 확산을 억제한다는 과학적 근거가 없다는 의견을 내놓기도 했습니다.

정권이 바뀌어도 뚜렷한 근거에 기반한 정책 결정은 쉽지 않아 보입니다. 이전 정부와는 다르게 하겠다고 했지만 큰 변화가 보이지 않는다는 게 전문가들의 평가입니다. 2022년 3월 말 대통령직인수위원회는 '전 국민 항체양성률 조사' 계획을 처음 밝혔습니다. 우리 국민의 면역 수준을 알고 재유행에 대비한 정책을 만들겠다는 것이었습니다. 새 정부 출범이전에라도 하겠다고도 했습니다. 그런데 결과는 빨라야 9월에나 나옵니다. 이미 코로나19 재유행이 정점을 찍을 것으로 예상되는 시점에 나오는 겁니다. 함께 하겠다고 했던 '다중이용시설 환기설비 기준마련' 역시 연구용역만 계속되고 있습니다. 미리 대책을 만들어야 할 때 필요한 근거가 없습니다.

방역당국이 무조건 잘못했다는 건 아닙니다. 예측과 예상을 뛰어넘어 끈질기게 이어지고 있는 코로나19는 여전히 진행형이고 희생 없이 모두를 만족시키는 방역대책을 내놓는 건 분명 어려운 일입니다. 다만 전대미문의 감염병 시대에 국민들이 겪고 있는 혼란을 생각하면 좀 더 꼼꼼한 정책 수립이 필요하지 않나 하는 아쉬움이 남습니다.

자료사진 영업제한 철폐를 촉구하는 소상공인협회 기자회견(출처: 소상공인연합회)

5

"공동체 보호인가, 기본권 침해인가"… 방역패스 둘러싼 엇갈린 의견

돌이켜보면 코로나19 확산을 막기 위한 많은 정책들이 있었고 대부분은 수긍할 만한 이유가 있었습니다. 다만 기자 입장에서 가장 아쉬웠던 정책을 꼽으라면 단연 '방역패스'입니다. 2021년 말 정부는 오미크론 확산이 시작되면서 K방역의 핵심이었던 3T[Test-Trace-Treat]전략이 한계를 드러내자 새로운 대책을 마련해야 했습니다. 빠른 진단검사와 추적이 무기였던 3T전략은 감염경로를 파악할 수 없을 만큼 빠른 전파력을 지닌 오미크론 변이 앞에서 속수무책이었기 때문이죠.

그래서 등장한 것이 바로 '방역패스'입니다. 방역패스는 백신 접종을 유도하고, 백신 미접종자를 보호하겠다는 명분으로 도입됐지만 다양한 이유로 백신을 주저하는 사람에게 주홍글씨를 새겼습니다. 정부는 카페와 음식점 등 다중이용시설에 백신 접종을 마친 사람들만 들어갈 수 있도록 제한했습니다. 감염자 추적이 되지 않으니 아예 감염 가능성이 있는 사람은 이용할 수 없게 막은 겁니다. 그러면서도 표면적으로는 미접종자를 보호하고 백신 접종자에게 인센티브를 준다는 것을 내세웠습니다.

하지만 끊임없는 거리두기 연장으로 피로도가 극에 달한 상황에서 또 다른 강제조치는 곧장 반발을 불러왔습니다. 돌파 감염이 잇따르면서 백신효과에 대한 불신까지 커져가던 상황에서 백신 접종을 강제한다는 불만입니다. 일반인뿐 아니라 일부 의료 전문가들 역시 방역패스에 반발하며 혼란과 갈등은 커져만 갔습니다.

조두형 영남의대 약리학 교실 교수와 한림대강남성심병원 이재갑 교수와 가천의대 예방의학교실 정재훈 교수가 벌인 방역패스 찬반토론도 이러한 갈등에 불을 부었습니다. 조두형 교수는 “정부가 합리적 이유 없이 백신 미접종자들을 차별해 일상생활이 불가능할 정도로 국민의 기본적 권리를 과도하게 침해하고 있다”고 주장했고 이에 반해 이재갑 교수는 “인구 전체에 대한 정책을 통해 미접종자들이 감염 위험이 높은 시설에 가는 것을 자제하거나 갈 거면 본인이 감염되지 않은 걸 확인해서 예방하는 측면에서 시행되는 것이다”라고 맞섰습니다. 1시간 넘게 설전을 벌인 토론을 중재하면서 양측 모두 확실히 동의한 것은 서로 모두 주장을 굽힐 생각은 없구나라는 것뿐이었습니다.

결국 방역패스 시행은 찬성과 반대의 합의가 아닌 법률적 판단으로 가르마를 타게 됐습니다. 전문가들 역시 의견이 엇갈리는 상황에서 국민 혼란만 커졌고 얼마 안 가 지역 곳곳에서 방역패스처분취소소송이

인용되면서 결국 방역패스는 감염 방지의 효과를 제대로 평가해보기도 전에 법의 벽에 가로막혀 중단됐습니다.

자료사진 JTBC 방역패스 찬반토론(출처: JTBC)

6

4개월 만에 사라진 방역패스…
그때는 맞고 지금은 틀리다?

〈지금은맞고그때는틀리다〉는 2015년 홍상수 감독의 영화입니다. 유부남인 극 중 영화감독이 우연히 여화가를 만난 뒤 밀고 당기는 내면의 감정을 그린 영화입니다. 1부 '그때는맞고지금은틀리다'와 2부 '지금은맞고그때는틀리다'로 나뉘어 같은 상황에서 남녀 배우들의 반응이 아주 미묘하게 달라지는 것이 이 영화의 포인트입니다. 닮은 듯 다른, 다른 듯 닮은 이야기를 그려내며 미세한 반응이 어떻게 다른 결과를 가져오는지를 보여줍니다.

방역당국은 2022년 3월 방역패스 중단을 선언하며 그 이유로 이 2015년 홍상수 감독의 영화 제목을 인용했습니다. 방역패스를 도입한 지난해 11월은 방역패스가 필요했지만(맞았지만) 지금은 필요가 없어졌다(틀리다)는 겁니다. 4개월 만의 정책변경입니다. 이마저 전국 법원에서 방역패스가 기본권을 침해한다는 판결이 내려진 뒤에야 마지못해 폐지했습니다.

박향 보건복지부 중앙사고수습본부 방역총괄반장은 방역패스 중단 이유를 "방역패스의 필요성에 대한 논란과 갈등이 커지고, 또 사회적 연대가 약화되고 있는 문제도 고려했다"고 설명했습니다. 현재의 방역패스가 델타 변이 유행 상황에서 만들어진 것인데 델타와 달리 전파력은 강하지만 중증화율 · 치명률은 낮은 새 변이인 오미크론이 우세종이 되면서 방역패스가 가지고 있는 효용성이 떨어졌다고도 했습니다. 말 그대로 상황이 변했다는 겁니다.

네 맞습니다. 정책은 상황에 따라 바뀌어야 합니다. 유연성을 잃은 정책은 고집과 불통의 또 다른 말임이 틀림없습니다. 국민의 건강과 안전이 달린 일이라면 정책을 변화시켜 위험에 대비해야 하는 것이 국가의 책무입니다. 다만 정책 변화에는 원칙이 있습니다. 어떤 정책이든 효력을 발휘하기 위해서는 그 정책을 만들 때 원칙과 일관성이 있어야 합니다. 그래야만 사회구성원들이 불확실하고 암담한 상황에서도 믿고 따를 수 있습니다. 이런 정책 일관성의 기본은 예측 가능성입니다. 정책이 예측 가능해야만 미래를 대비하고 설계할 수 있습니다. 예측할 수 없으면 모든 것을 대비해야 하는 만큼 비용과 피로도가 급격히 올라갈 수밖에 없습니다. 이미 우리는 원칙과 일관성을 잃은 정책이 삶을 어떻게 힘들게 하는지는 수 차례 경험했습니다. 그리고 한 번 무너진 신뢰는 다시 쌓기는 어렵습니다. 실제 오락가락 정책은 정부 신뢰에 고스란히 반영됐습니다.

서울대 보건대학원 유명순 교수 연구팀이 '감염병 대응 주체에 대한 국민 신뢰도'를 묻는 질문에 전체의 2022년 3월에는 52.4%와 63.3%가 정부(청와대, 지자체)와 방역당국(복지부, 질병청)을 신뢰한다고 답했는데, 조사를 시작한 2020년 6월 기준으로 보면 방역당국의 신뢰도는 83%에서 23%p, 정부의 신뢰도는 6.7%p 하락했습니다. 코로나 초기 높은 신뢰도와 비교해 보면 길어진 거리두기와 잇따른 실책에 그 신뢰가 많이 흔들리고 있다는 걸 확인할 수 있습니다.

결과론적이지만 정부는 방역패스를 폐기하기에 앞서 국민적 이해를 먼저 구했어야 합니다. 상황이 바뀌면서 방역정책을 바꿔야 한다면, 그리고 그 방역정책이 국민의 기본권 희생으로 만들어졌던 거라면 사과가 우선입니다. 법원의 판단이 내려지고 나서야 그때는 맞고 지금은 틀렸다고 말하는 것은 국민안전을 책임지는 방역당국이 내놓는 메시지로는 맞지 않습니다. 앞으로 똑같은 실수가 반복된다면 앞으로 다른 전염병이 찾아왔을 때 정부가 내놓을 방역정책에 대한 신뢰도는 바닥에서 벗어날 수 없을 겁니다.

자료사진 <지금은맞고그때는틀리다> 영화 포스터

6

코로나19 대항 'K방역'의 빛과 그림자

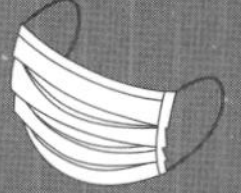

1

집단감염을 막아라 3T Test-Trace-Treat… K방역은 성공했나?

"굉장히 똑똑하고 정교하게 타겟팅된 방역"(빈센트 코엔/OECD 경제국 한국 데스크 담당, 김어준 뉴스공장 인터뷰), 세계는 한국으로부터 무엇을 배울 수 있을까(독일 슈피겔/2020. 3. 13), 한국은 어떻게 성공적으로 코로나19바이러스를 다뤘나?(월스트리트 저널/2020. 9. 25)

코로나19 초기 해외 유수의 언론에 대서특필됐던 K방역의 성과입니다. 실제 우리나라는 코로나19 발생 이후 3T Test-Trace-Treat 로 대표되는 K방역을 통해 코로나19에 맞서 성공적인 전쟁을 벌여왔습니다. 검사역량을 통해 빠르게 코로나19를 탐지 Test 하고 역학조사를 통한 확진자의 동선을 추적 Trace 해 확산을 막는 신속한 격리치료 Treat 를 해 확진자 수를 통제해 왔던 겁니다. 감염병 확산을 통제하고 집단감염을 막는 최적의 조합이었습니다.

코로나19가 아무리 빨리 퍼지더라도 한계가 있는 만큼 확산 속도보다 빠르게 조치를 취하면 승리할 수 있다는 공식에 기반했습니다. 여기에 정보의 투명한 접근, 긴급사용승인제도 활용과 같은 신속한 대응과 함께 다른 나라와 달리 국경봉쇄와 외출 금지령 같은 극단적 강제 조치가 없었던 점도 긍정적 평가대상입니다. 선별진료소 표준 운영절차와 속칭 드라이브스루로 불리는 자동차 이동형 선별진료소 표준운영절차는 국제표준화기구인 ISO에서 국제투표를 거쳐 신규작업표준안으로 채택되는 성과도 거뒀습니다.

아랍에미리트 등 중동국가들과 이탈리아와 프랑스에서는 우리나라의 K방역 역학조사 방식을 벤치마킹하기도 했습니다. 하지만 이런 K방역의 한계도 분명했습니다. 중앙통제 방식 3T 전략은 1년 이내의 단기전으로써 코로나19 박멸을 목표로 했다면 효과적이었지만 애초 코로나19는 인류와 공존하기로 작정하고 출몰한 바이러스였습니다. 고령층을 제외하면 확진자 10명 가운데 9명이 무증상과 경증인 호흡기 질환은 완전히 몰아낸다는 것은 불가능합니다.

하지만 우리나라는 오미크론 확산으로 반강제적(?) 일상회복이 시작될 때까지 공동체가 무너질 수 있다며 긴장의 끈을 놓지 말라는 공포심을 담보로 한 방역을 이어갔습니다. 그렇게 2년 가까이 이어진 사회적 거리두기 방역은 많은 부작용을 낳았습니다. 복지시설이 문을 닫으면서 돌봄을 받지 못한 발달 장애인 가족들이 스스로 목숨을 끊는 사고가 속출했고 학교가 문을 닫으며 아이들의 학습권은 방치됐습니다. 자영업자들은 속수무책으로 파산했고 청년 자살율도 크게 늘며 코로나19가 만든 '조용한 학살'이라는 말까지 나왔습니다.

약자가 더 큰 피해를 입는 불평등한 재난이었지만 방역이라는 구호에 그들의 신음소리는 묻힐 수밖에 없었습니다. K방역이 의료진과 자영업자의 희생을 기반으로 이뤄진 것이라는 점도 빼놓을 수 없는 부분입니다. 의료대응 체계는 정부 차원의 주도권 계획이나 조정이 아니라 지방과 민간 차원의 자발적 협력을 통해 이뤄졌습니다. 신천지 사태 당시 수백 명의 의사와 간호사들이 위험을 무릅쓰고 자발적으로 대구로 내려가지 않았다면 대응은 불가능했고 이후 사회적 거리두기를 시행하며 자영업자들의 영업시간을 강제했지만 그에 따른 적절한 보상이 이뤄지지 않는 것은 마이너스 요인입니다.

K방역에 인권감수성이 결여돼 있는 것도 문제입니다. 선진국 가운데 코로나19 확산방지를 명목으로 개인의 병원 진료기록과 신용카드 내역, CCTV 영상, GPS 정보까지 감염자 추적 목적을 위해 사용한 것은 사실상 한국이 유일합니다. 헬스장 러닝머신 속도와 음악 BPM 제한이라는 방역정책은 '코미디냐'는 놀림을 받기도 했습니다. 결국 개인의 희생을 기반으로 한 K방역은 공산국가를 제외한 다른 민주 진영 국가들에서는 원형 그대로 받아들이기 어렵습니다. 실제로 독일이나 영국에서 한때 K방역 식 전략을 채택하자는 논의가 있었지만 모두 야당과 시민사회의 인권침해라는 반발에 무산됐습니다.

자료사진 K-방역 홍보물(출처: 정책브리핑 정책뉴스)

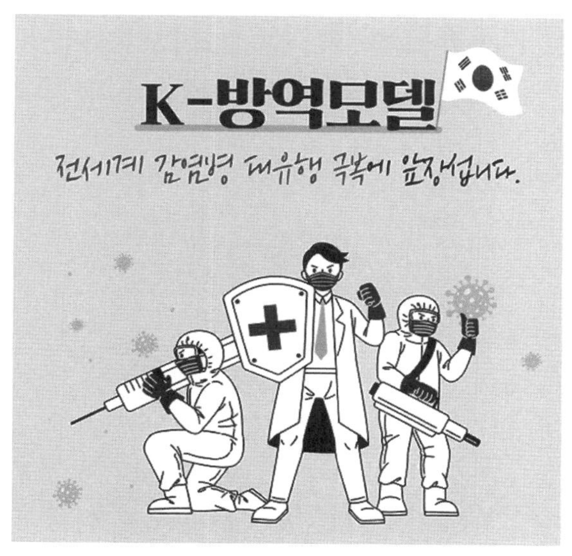

2

고비 때마다 되풀이된 공급난…
마스크, 자가진단키트, 감기약의 평행이론

평행이론일까요? 2022년 3월 현재 감기약 구하기가 갈수록 어려워지고 있습니다. 오미크론 이후 폭증하는 확진자에 종합감기약과 해열진통제 등 일반의약품이 약국서 품절되더니 이제는 인후염 치료제와 진해거담제, 위장약 등 일반약과 전문약을 가리지 않고 품절리스트에 오르고 있습니다. 1인당 구매 수가 제한되고 암암리에 웃돈이 붙어 중고거래로 팔리기도 합니다.

어디서 많이 경험한 일이죠? 코로나19 사태가 터진 이후 고비마다 약국 앞은 긴 줄이 생겼습니다. 마스크 대란이 있었고 백신이 보급된 이후에는 해열제가, 정부 방역지침이 자가검사 원칙으로 바뀐 뒤에는 자가진단키트 대란을 겪었습니다.

백미는 마스크 대란이었습니다. 백신도 치료제도 없던 코로나19 초기 마스크는 선택이 아닌 필수재로 변했습니다. 하지만 공급과 수요의 불균형 속에 가격은 천정부지로 치솟았고 결국 정부는 강제수단을 꺼내 듭니다. 2020년 2월 25일, 마스크 수출을 사실상 금지하고 생산량의 50% 이상을 공적 판매처로 출고하는 '마스크 및 손소독제 긴급수급 조정조치'입니다.

이어 27일부터는 마스크 판매를 1인당 5매로 제한했습니다. 하지만 마스크 수급은 개선되지 않았고 3월 6일부터는 1주당 1인 2매로 구매 매수를 줄였습니다. 그 사이 중고나라에서 마스크 장당 가격은 5천 원을 넘어서기도 했습니다. 수요에 비해 공급이 부족했던 것이 가장 큰 원인이었지만 정부의 대처 부족도 한몫했습니다.

국내 최대 마스크 생산업체인 웰킵스의 박종한 대표는 정부의 마스크 수출 제한 조치가 너무 늦었다고 설명합니다. 코로나19 발생 초기 중국 내 마스크 수요가 폭발하며 1월 말부터 2월 사이 국내 대행사와 보따리 상인들이 주도해 5억 장 안팎의 국내 마스크를 싹쓸이하면서 공급부족이 본격화됐다는 분석입니다. 진단키트 역시 똑같은 상황이 반복됐습니다. 3T의 핵심이던 유전자증폭검사가 한계에 부딪히면서 고위험군을 제외한 검사 희망자는 자가진단키트를 통한 신속항원검사를 받게 하면서 또다시 공급난이 생긴 거죠.

또 약국과 편의점을 유람하는 '진단키트 찾아 삼만리'가 이어졌습니다. 충분한 시간을 갖고 방역지침을 전환했지만 자가진단키트 대란을 막지 못했고 방역지침 변화로 확진자 폭증을 예상했으면서도 이번 상비약 대란 역시 예방하지 못했습니다. 항상 그렇듯이 사후약방문이었습니다. 영화가 아닌 현실 세계에서는 평행이론이 몇몇 우연의 일치를 끼워 맞춘 도시전설급으로 치부되고는 하지만 마스크와 자가진단키트, 감기약이 똑같은 일을 되풀이 하는 것을 보면 영 얼토당토하진 않다는 생각이 듭니다. 꼭 정부를 탓하려는 것은 아니지만 반복되는 실수는 실수가 아니라는 점은 알아야 합니다.

자료사진 공적마스크 품절 안내문

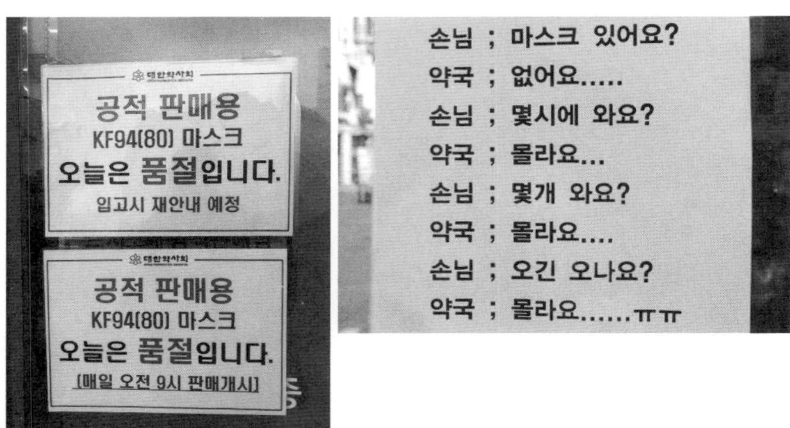

3

목마른 사람이 우물 팠다…
안심번호·마스크앱 개발한 시빅해커

온종일 온 동네 약국을 모조리 돌아다녀도 못 구했던 마스크 대란. 여론은 나빠질 대로 나빠졌지만 정부는 마스크 사재기를 단속한다는 엄포만 놓았고 대안은 마련하지 못했습니다. 결국 시민들의 헛걸음을 해결한 것은 정부가 아닌 시민들이 주도한 시빅해커Civic Hacker라는 집단이었습니다.

시작은 2021년 3월 4일 사회적협동조합 빠띠의 권오현 대표를 비롯한 시빅해커 17명이 '코로나19 공공 데이터 공동대응'을 꾸려 정부에 공적 마스크 공급과 재고 데이터를 공개해 달라는 요구였습니다. 공공에서 데이터만 넘겨주면 필요한 서비스는 민간에서 개발하겠다는 취지였습니다. 그리고 정부가 마스크 데이터를 공개한 지 4일 만인 10일 공적 마스크 재고량을 약국별로 확인할 수 있는 앱이 나왔습니다. 이후 비슷한 마스크 앱들이 쏟아졌고 대중의 반응은 폭발적이었습니다.

3월 10일 67.9%였던 판매 완료 약국 비율은 21일 86.4%로 급증했습니다. 줄서기와 전화 문의가 줄었고 마스크 판매 시간도 분산되는 등 혼란은 빠른 속도로 안정화됐습니다. 개인안심번호도 시빅해커들의 작품입니다. 코로나19 초기 식당과 카페 등 다중이용시설의 방문객들은 수기명부를 작성해야 했지만 개인정보 유출과 허위 기재 문제로 많은 문제점이 있었습니다. 개인안심번호는 이 문제를 6자로 해결했습니다. 휴대전화 번호를 암호화해 한글·숫자 조합으로 구성된 6자리 문자열을 만드는 방식입니다.

안심번호를 사용하면 더는 개인정보 유출 걱정을 하지 않아도 됩니다. 이처럼 시빅해커는 사회문제와 일상생활 속 불편사항을 디지털 기술을 활용해 해결하자고 나선 시민 개발자들을 일컫는 말입니다. '책임감 있게 화내는 행위'로 표현되는 시빅해킹을 통해 사회문제와 불편사항에 분노하고 기술을 활용해 해결할 방법을 찾는 사람들입니다. 정부가 탁상공론으로 몇 개월이 걸릴 일들을 직접 나서 행동으로 해결하는 거죠. 디지털 빅데이터 시대의 새로운 시민운동인 셈입니다.

비정부 기구 '코드포아메리카'의 창립자 제니퍼 팔카는 이러한 시빅해킹에 대해 "공무원들에게 보내는 일종의 경고"라고 말했습니다. 물론 시빅해킹과 디지털 시민운동이 성공하기 위해서는 전제조건이 있습니다. 정부는 시민이 세금을 내면 서비스를 제공한다는 개념의 '자판기 정부'에서 벗어난 '플랫폼'으로서의 역할을 충실히 해야 합니다. 공공정보를 개방하고 공유하며 소통과 협력을 통해 국민들이 원하는 맞춤형 서비스를 제공하는 이른바 정부 3.0입니다. 불확실성의 시대에서 시민과 데이터의 결합은 우리 사회가 위기를 헤쳐나가는 밑거름으로 작용할 것이기 때문입니다.

시빅해커로 활동 중인 권오현 씨는 "기술이 더욱 중요해지는 시대에 기술을 가진 시민들이 늘어나고 그들이 시민의 정체성으로 사회 곳곳에서 활약하는 게 앞으로 사회에 정말 중요한 과업이라고 생각"한다면서 "기업과 정부만 혁신하는 게 아니라 시민들도 혁신의 주체로 등장해야 한다"고 말했습니다.

자료사진 공적마스크 재고를 확인할 수 있는 마스크 알리미 앱

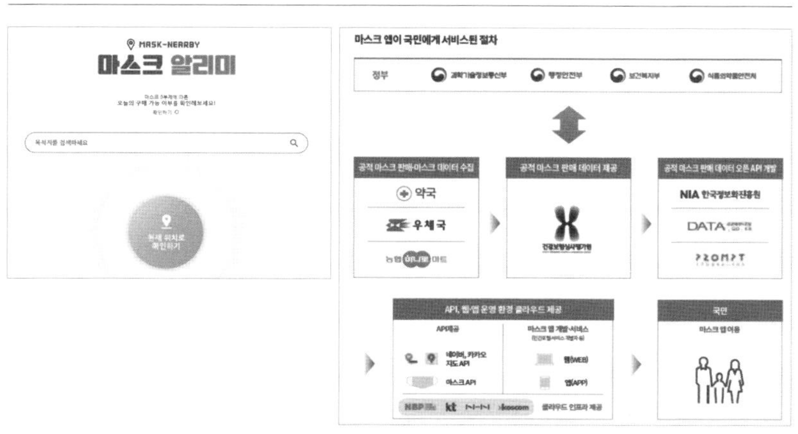

4

OECD 꼴찌, 백신 도입 왜 늦어졌나?··· 방심이 부른 차질

우리나라에서 코로나19 백신 접종이 처음 시작된 것은 2021년 2월 26일입니다. 서울 노원구의 요양병원에서 일하는 요양보호사 이경순 씨가 아스트라제네카 백신을 맞았습니다. 국내 코로나19 첫 확진자가 나온 지 1년 37일 만이었습니다. 경제협력개발기구인 OECD 37개 회원국 가운데 가장 마지막이었고 전 세계 나라 가운데는 105번째였습니다. 그 사이 이스라엘은 국민의 절반가량이, 영국은 1/4 정도가 백신을 맞았습니다. 미국 역시 접종률이 10%를 넘어섰습니다.

우여곡절 끝에 백신 접종을 시작한 이후에도 한동안 속도를 내진 못했습니다. 접종률을 높이기 위해 1차에 물량을 집중하면서 백신을 당겨쓰느라 백신 1차와 2차 접종 간격을 제약사의 권장기간(화이자 3주, 모더나 4주)보다 최대 3배에 가까운 8주까지 벌리기도 했습니다. 전 세계 모든 나라에서 백신 확보 경쟁으로 입도선매에 나서면서 백신이 부족했기 때문입니다.

다행히 물량이 점차 풀린 뒤부터는 전 세계 최고의 접종 인프라를 갖춘데다 국가번호 82의 민족역량을 발휘하면서 당초 예상보다 한 달 가까이 빠른 10월 23일 목표로 잡은 접종률 70%를 달성하기도 했습니다. 그럼 이렇게 충분한 인프라를 갖추고 서구권과 다르게 백신에 대한 저항감도 적던 우리나라에서 백신 접종이 늦어졌던 이유는 무엇일까요? 많은 의료진과 전문가들은 코로나19 발생 초기부터 백신 확보를 전염병 정복을 위한 첫걸음으로 주문했지만 우리 정부는 상대적으로 소극적이었던 것이 사실입니다.

정부는 이런 지적에 대해 우리나라는 확진자 증가세가 다른 나라보다 안정적이었기 때문에 서두를 필요가 없다고 설명해 왔습니다. 안전성이 확인되지 않은 백신을 서둘러 도입하기보다는 먼저 백신 접종을 시작한 다른 나라 사례를 알아보고 도입해도 늦지 않는다는 겁니다. 이런 입장은 정부관계자들의 말을 통해서도 확인할 수 있습니다. 박능후 보건복지부 장관은 "우리와 빨리 계약을 맺자고 그쪽(화이자, 모더나)에서 재촉을 하고 있는 상황"(2020년 11월 20일, 국회)이라고 했고 초대 대통령비서실 방역기획관으로 들어간 기모란 당시 국립암센터 교수는 같은 달 라디오 프로그램에 출연해 "많은 백신들이 계속해서 효과를 발표할텐데, 더 좋은 게 나와도 화이자(백신 계약)를 해놓으면 물릴 수 없게 된다"며 백신 도입에 서두를 필요가 없다는 입장을 내비쳤습니다.

이런 분위기 속에서 실제 방역당국은 백신을 필수라기보다는 '선택'

으로 판단했습니다. 결국 코로나19를 막기 위한 가장 효율적인 방파제이자 가장 강력한 무기였던 백신 도입은 안전성 염려에 밀려 늦어질 수밖에 없었고 코로나19의 파고는 시간이 갈수록 점점 더 높아지며 우리 사회를 덮쳤습니다. K방역으로 코로나19를 잡을 수 있다는 자신감에 대유행 위험성을 과소평가하다 백신 도입 시기를 놓친 겁니다.

비판이 커지자 정부 역시 이러한 오판이 잘못이었다는 점을 표면적으로는 인정했습니다. 정세균 당시 국무총리는 2020년 12월 20일 KBS 일요진단에 나와 "다른 나라에 비해 확진자가 적어 백신 의존도를 높일 생각을 하지 않았다"며 "우리는 철저한 방역, 치료제를 통한 환자 최소화, 그다음에 백신 사용을 통해 코로나19 상황으로부터 가장 빨리 벗어나는 전략을 세웠다"고 설명했습니다.

하지만 백신이 뒤로 밀린 진짜 이유는 당시 백신 도입에 관여했던 보건복지부 관계자에게서 나중에 들을 수 있었습니다. "화이자가 임상 1상 결과를 내놓은 7월부터 협상 태스크포스[TF]를 통해서 선구매 검토는 했어요. 내부에서도 백신 도입을 서둘러야 한다는 이야기도 많았고요. 근데 이걸 책임지겠다는 사람은 없었어요. 제약사들이 요구한 선입금을 포함해서 예산 문제로도 기획재정부랑 많이 싸웠는데 거기서 가장 많이 들은 이야기가 당신은 공무원 아니냐는 거예요. 나중에 잘못되면 책임질 수 있느냐는 말이죠."

사실 이런 몸사림은 과거 다른 전염병 사태를 겪으며 얻은 경험이 바탕이 됐습니다. 실제 공무원들은 과거 신종 플루가 유행했을 때 백신을 과다 도입해 예산을 낭비했다며 한 달에 걸쳐 감사원 집중감사를 받았고 국회 국정감사에도 시달렸습니다. 징계를 받은 공무원은 없지만 이때의 경험이 코로나19 백신 구매에 영향을 미쳤다는 것은 확실합니다.

결국 '안전성이 우선'이라는 것은 선구매에 나섰다가 만에 하나 불거질 부작용에 대한 우려와 수요예측에 실패했을 때 책임론을 피하기 위한 명분에 불과했습니다. 옥상옥의 방역 컨트롤타워에 따른 리더십의 부재 속에 책임질 일을 만들지 않기 위한 관료주의와 보신주의, 그리고 정치적 책임부재, 이 모든 요소들이 한데 뒤엉켜 백신정책 실패를 만들어 낸 겁니다. 그리고 그 실패는 일상회복의 지연이라는 국민들의 고통으로 이어졌습니다. 결국 회피해선 안 되는 위험까지 회피하려 하다 더 큰 대가를 치르게 된 셈입니다.

5

메르스가 준 잘못된 교훈…
자만심에 무너진 K방역

우리는 코로나19를 겪기 전에 이미 한차례 심각한 전염병을 겪었습니다. 바로 메르스입니다. 강력한 진단검사와 격리, 병원폐쇄 등 정부 주도의 통제로 전국 확산을 막고 피해를 최소화했습니다. 그리고 이 경험은 귀중한 자산인 동시에 '독'이 됐습니다. 메르스 경험을 바탕으로 코로나19도 우리가 통제할 수 있다는 자신감을 갖게 된 거죠. 정부 주도의 K방역의 등장입니다.

정부는 3T와 사회적 거리두기, 방역패스를 잇따라 도입했고 코로나19 초기부터 최근까지 정부 책임자들은 습관처럼 '마지막 고비'와 '2주만 더'를 반복하며 코로나19가 곧 끝난다는 발언을 꾸준히 이어왔습니다. 코로나19 유행은 종식할 수 없고 단지 그 시기를 미룰 수 있던 것에 불과했는데도 말입니다. 그 사이 통제가 되지 않으면 슈퍼 전파자와 개인의 일탈을 탓하며 낙인을 찍었습니다. 코로나19의 불확실성은 철저히 무시됐습니다.

백신 접종률이 70%를 목표로 전력투구하고 지난해 11월 일상회복 지침까지 발표했지만 찬란한 성공처럼 여겨진 K방역은 변이의 등장으로 고꾸라졌습니다. 어떤 변이가 어떻게 나타날지, 기존 백신이 변이에 효과적일지 모든 것이 불확실했던 만큼 다양한 시나리오를 가지고 대비해야 했지만 그저 정해진 각본대로 움직일 뿐 고민이 없던 겁니다.

물론 델타 변이까지는 K방역으로 막고 치명률이 낮아진 오미크론 변이에서 방역을 완화한 것은 성공적이라는 평가도 있습니다. 하지만 우리나라에서 델타 변이 이전까지 코로나19 피해가 적은 것은 K방역이 가불해 놓은 빚 때문입니다. 방역이란 결코 공짜 점심이 아닙니다. 소상공인과 자영업자를 비롯해 미래세대의 희생을 통해 얻어진 사회적 거리두기는 유행을 없애는 것이 아니라 다음 파도에 대비하는 시간을 벌기 위한 임시방편이었습니다.

하지만 결과적으로 방역당국은 벌어놓은 시간도 제대로 활용하지 못했습니다. 방역당국의 조치들은 준비와 사전협의에 기반한 것이 아니라 사후대처가 대부분이었습니다. 오미크론 변이까지 기다릴 것이 아니라 선제적으로 고위험군과 의료 시스템 위주의 대응체계로 전환하고 사회를 정상화했어야 합니다. 방역당국이 해야 했던 것은 “우리가 잘하면 이긴다”가 아니라 앞서 오미크론을 겪은 선진국 사례를 바탕으로 피해를 분석하고 그 피해를 어떻게 줄일 수 있는지 탐구하고 우리 사회에 적용할 수 있는지를 미리 계획하고 준비하는 거였습니다. "세계가 감탄한 K방역"이라며 홍보에 열을 올리기보다는 말입니다. "K방역은 그냥 실패가 아니라 예정된 실패였다"라는 임승관 경기도의료원 안성병원장의 말을 곱씹어볼 필요가 있습니다.

6

정치에 가려진 방역, 흔들리는 방역 컨트롤타워

우리나라 방역 경보는 4단계로 이뤄져 있습니다. 전염병 발생과 국내 유입, 전파 정도에 따라 관심-주의-경계-심각 순으로 높아집니다. 그리고 각 단계별로 상황을 지휘하는 사령탑이 달라지도록 설계돼 있습니다. 전염병 발생 초기인 '관심'이나 '주의' 단계는 질병관리본부장이 중앙방역대책본부장으로서 총괄 지휘하지만 본격적으로 유입되는 '경계' 단계에 이르면 보건복지부 장관이 중앙사고수습대책본부장으로서 책임을 맡고, 마지막 지역전파가 이뤄지는 '심각' 단계는 국무총리가 중앙재난안전대책본부장으로서 사령탑이 됩니다. 방역컨트롤타워를 감염병 위기 상황에 맞춰 조정한다는 취지입니다.

정부 조직도에 맞춘 유동적인 대응이 목표지만 문제는 방역에 전문가가 아닌 비전문가가 끼어드는 것이 불가피하다는 점입니다. 모든 정부 부처의 총체적인 대응이 필요한데 이 과정에서 의사결정은 직급에 따를 수밖에 없다는 이유입니다. 이런 의사결정 구조의 부작용이 바로 옥상옥의 정치방역입니다. 선불리 위드 코로나19를 선언한 이후 쏟아지는 확진자에 응급실과 중환자실이 마비됐던 2021년 11월이 단적인 예입니다.

의료 대응체계에 경고음이 끊임없이 울렸지만 정부는 상황을 방치했습니다. 11월 셋째 주가 지나며 수도권 중환자 병상 가동률은 위드 코로나19 중단 기준인 병상 가동률(75%)을 훌쩍 넘어섰고 위험도 평가 기준도 수도권은 '매우 높음'까지 올랐습니다. 하지만 정부는 어떠한 중단조치도 내리지 않았습니다.

정은경 질병관리청장이 브리핑을 통해 "상황 악화 시 방역 조치를 강화할 수 있다"고 했지만 같은 날 손영래 중앙사고수습본부 사회전략반장은 "아직 이르다"며 선을 그었습니다. 문재인 대통령은 11월 29일 '코로나19 대응 특별방역점검회의'에서 "단계적 일상회복을 되돌려 과거로 후퇴할 수는 없다"고 아예 못을 박았습니다. 취재를 통해 만난 많은 관계자들은 당시 상식적으로 납득할 수 없는 정부의 방역대책이 4개월여 앞으로 다가온 대선을 위한 무리수였다고 지적합니다.

정부와 여당 입장에서는 위드 코로나19와 함께 방역과 경제 성과를 홍보하면서 대선 국면에 돌입하려는 계획이었다는 해석입니다. 더 큰 문제는 실수가 되풀이됐다는 점입니다. 오미크론이 유행하면서 다시 확진자가 폭증했던 상황에서도 알 수 없는 방역 완화는 이어졌습니다. 병독성이 줄며 치명률이 떨어졌다는 이유만으로 정부는 사회적 거리두기를 잇따라 해제하며 식당과 카페 영업시간을 늘렸습니다. 전문가들의 잇따른 경고에도 거리두기를 풀어서 경제를 회복하겠다는 정치셈법이 작용한 겁니다.

코로나19 초기에 전략적으로 방역을 조절한 나라 외에 유행이 정점을 지나지 않은 단계에서 방역을 푼 나라는 한국이 유일합니다. 그리고 결국 다시 확진자와 사망자 수도 큰 폭으로 늘었습니다. 델타 유행의 상황이 끝나가던 2022년 2월 초까지 6천여 명의 누적 사망자가 발생한 우리나라는 불과 3개월 뒤인 그 숫자가 2만4천 명을 넘어섰습니다.

김우주 고대구로병원 감염내과 교수는 "상식으로도 납득할 수 없는 정부의 방역 대책이 이어지니 '대선 때문에 자영업자 표를 의식한다'는 뒷말들이 나오게 된다"고 말하기도 했습니다. 결국 정치가 방역을 삼켰다는 비난을 피하기 어렵습니다.

7

덕분에 챌린지에 가려진 강요된 희생…
되풀이된 땜질식 처방

펼쳐진 오른손 위에 엄지를 치켜세워 올려진 왼손, 누구나 다 기억하실 '덕분에 챌린지'입니다. 코로나19 방역 일선에서 고생하는 의료진을 향한 감사의 마음을 전한다는 의미로 고마움과 존경의 의미를 담은 수어 동작을 빌려왔습니다. 하지만 감사의 마음만으로 버티기엔 코로나19 유행은 너무나 길었습니다. 사명감만으로는 2년 넘게 이어지는 유행을 버티기가 쉽지 않습니다. 델타에 이어 오미크론 확산이 이어지며 위기감이 높아질수록 사명감은 강요된 희생으로 바뀌었습니다. 방역은 의료진을 쥐어짜낸 동력으로 유지되어온 겁니다.

델타에 이은 오미크론 유행 모두 우리나라에 앞서 유행을 겪은 해외 다른 나라의 사례를 통해 미리 준비할 수 있었지만 근본적인 대책 마련은 이뤄지지 않았습니다. 의료현장에서는 '땜질식 처방'이 이어지면서 유행을 대비할 감염병 의료 대응체계 구축은 불가능했습니다.

코로나19 환자가 늘어날 때마다 공공병원을 감염병 전담병원으로 지정하고 민간 병원에는 행정명령을 내려 강제로 병상을 늘리는 일이 2년 동안 반복됐습니다. 정부는 병상 부족 문제를 해결하기 위한 근본적인 개선 노력 없이 가장 쉬운 방법을 선택한 겁니다. 현장에서 만난 민간병원 관계자들은 되풀이되는 행정명령에 대해 이렇게 어려움을 토로했습니다. "상급종합병원에 코로나19 중환자를 떠맡기는 것이 정부의 유일한 대책인 것 같아요. 당장 코로나19 중환자를 위한 병상을 내주게 되면 다른 환자 치료가 소홀해질 수밖에 없어요. 그런데도 정부는 그런 얘기는 국민들에게 이야기하지 않고 무조건 병상을 내놓으라는 행정명령만 내리고 뒷감당은 병원에게 떠맡기고 있어요."(서울 대학병원 A의사) "보건복지부와 지자체에서 행정명령 내릴 때마다 '이번이 마지막이다'라고 말했지만 지켜진 적이 없어요. 코로나19 전용병상은 기존 중환자 병상보다 인력이 2~3배 더 필요한데도 그런 것도 전혀 고려되지 않았고요. 늘린 병상이 스스로 환자를 돌보는 게 아니잖아요. 결국 기존 인력을 알아서 더 갈아넣으라는 거죠."(경기도 거점병원 B의사) 이런 현상은 방역과 의료가 뒤섞인 정책의 부작용이라는 평가도 나옵니다.

임준 국립중앙의료원 본부장은 '코로나19 이후, 감염병 대응체계 개혁 왜 필요한가' 포럼에서 "방역과 의료는 대상자, 접근방식, 목적이 본질적으로 다른데도 의료를 방역에 포함시키는 정책을 시행했다. 불필요한 입원 증가, 의료자원의 비효율적 소모, 입원·치료 필요 환자에 대한 적시·적정 치료 불가, 비코로나19 환자의 진료 차질 등 부차적 피해가 발생했다"고 분석했습니다.

자료사진 의료진에 대한 고마움과 존중을 담은 덕분에 챌린지(출처: 보건복지부)

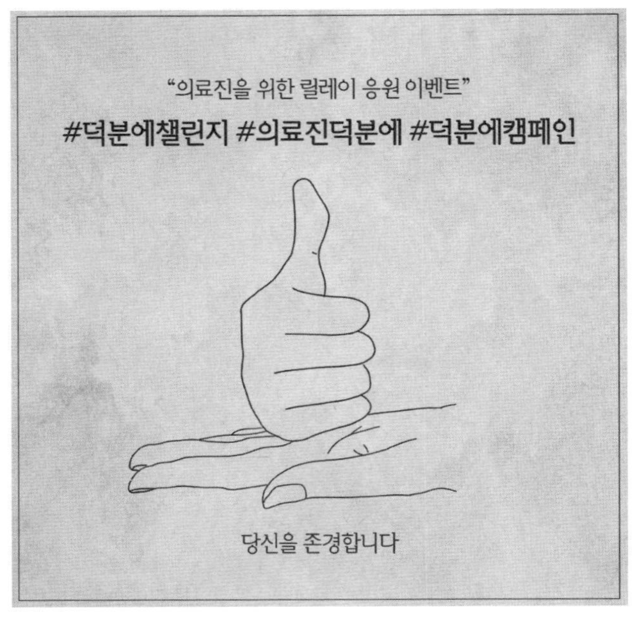

8

K방역이 만든 물음…
"누구를 살릴 것인가?"

K방역은 2021년 말까지는 비교적 선전했습니다. 대구 신천지와 광복절 집회 등 4차례 유행이 있었지만 감당할 만한 수준이었습니다. 선진국에서 하루 수만에서 수십만 명씩 확진자가 쏟아질 때도 우리나라는 2천 명을 넘은 적은 없습니다. 하지만 델타 변이에 이어 오미크론 변이가 찾아오면서 상황은 바뀌었습니다. 방역체계는 급격히 무너졌고 의료체계 붕괴로 이어졌습니다. 쏟아지는 확진자에 위중증 병상 가동률은 현행 의료대응 한계 수준인 75%를 넘어 한때 90% 이상 치솟았습니다. 고령자를 포함한 위급환자들조차 병상을 배정받기 위해 길게는 일주일 넘게 기다려야 했습니다.

위급상황에 놓인 코로나19 확진자들은 구급차에서 심폐소생술을 받았고 119 구급대원들은 확진자를 받아주는 병원을 찾아 거리를 헤

매야 했습니다. 코로나19에 걸린 아기를 받아주는 병원이 없어 집에서 60㎞ 떨어진 병원으로 이송되다 구급차에서 숨지고, 임신부는 출산 가능한 병원을 찾다 구급차에서 출산하는 일도 벌어졌습니다. 평소라면 충분한 병상과 인공호흡기로 소생시킬 수 있는 환자들을 놓치는 일이 비일비재했습니다. 병상 부족이 심해지면서 상태가 악화되어도 연명치료를 하지 않겠다는 '심폐소생술 포기각서'를 내야 병상을 배정받는 등 의료현장에서는 갈수록 혼란이 커졌습니다.

의사들은 한정된 인공호흡기와 생명유지장치인 에크모ECMO를 살날이 얼마 남지 않은 노인 환자를 살리는 데 사용해야 할지 아니면 사회유지에 기여할 젊은이에게 먼저 써야 할지 고민해야 했습니다. 코로나19 대응에 실패한 K방역이 만든 물음, '누구를 먼저 살릴 것인가?'입니다. 코로나19는 병상 배정 원칙부터 의료기기 사용 원칙까지 의료자원 배분의 공정성 문제를 새삼 부각시켰습니다. 의료자원이 한정된 상황에서는 환자들이 감당할 수 없을 정도로 쏟아지면서 사람에 따라 구하는 우선순위를 정해야 했던 겁니다.

기존 의료체계의 목표가 "가능한 많은 생명을 살린다"였다면 K방역 실패로 의료체계를 무너진 이후에는 "살릴 가능성이 있는 사람만 살린다"로 바뀌었습니다. 부족한 중환자실에 병상이 하나 날 때마다, 의사들은 어떤 환자를 보낼지를 결정해야 했습니다. '누구를 먼저 살릴 것인가?'라는 질문은 달리 말하면 '누구를 죽일 것인가?'라는 질문과 같습니다. 단순히 기술과 전문성의 문제를 넘어, 사회정의와 윤리 차원에서도 쉽지 않은 문제입니다. 법적 책임, 도덕과 철학의 문제도 뒤섞여 있습니다.

우리는 왜 이런 질문을 마주해야 했는지 뒤돌아봐야 할 것입니다. 코로나19는 내내 경고했지만 정부는 K방역 초기성과에 도취해 주목하지 않았고 그 후폭풍은 국민 희생으로 이어졌습니다.

9

스웨덴의 자율방역 실험은 실패했나?…
'연대'의 중요성

전 세계가 코로나19 확산을 막기 위해 이동제한과 사회적 거리두기, 국경차단까지 단행할 때 오히려 국민들에게 집 밖에서 일상생활을 즐기라고 권했던 나라가 있습니다. 이 나라 국민들은 바로 옆 나라에서 록다운이 한창일 때 마스크 없이 따뜻한 봄 날씨를 즐겼고 평소처럼 외출하고 공원을 거닐었습니다. 만남은 자유로웠고 학교와 상점, 카페도 정상적으로 문을 열었습니다. 입원환자를 제외한 의심환자에 대한 진단과 역학조사도 하지 않았습니다. 국가적 방역전략으로 '자율방역'을 택한 북유럽 스웨덴 이야기입니다.

스웨덴은 그렇게 국민의 자율방역을 통해 사실상 집단면역을 추구하며 방역에 대한 국가 개입을 최소화했습니다. 그렇다면 결과는 어땠을까요? 인구 수 1천만 명의 스웨덴에서는 2022년 5월 기준, 2백5십만 명이 감염됐고 이 가운데 1만9천여 명이 숨졌습니다. 확진자는 국민 네 명 가운데 한 명꼴로 우리나라에 비해 적었지만 고령자를 중심으로 사망피해가 컸습니다. 우리나라로 따지면 10만 명 가까이 숨진 겁니다.

스웨덴은 이런 결과가 나올 줄 몰랐을까요? 아닙니다. 외부는 물론 내부에서도 자율방역에 대해 "미친 실험이다. 국민을 상대로 러시안룰렛을 하고 있다"고 비판이 처음부터 쏟아졌습니다. 많은 비판과 논란에도 불구하고, 왜 스웨덴은 다른 나라와는 다른 길을 갔던 걸까요? 사실 스웨덴의 자율방역은 임기응변식 대응이 아니라 너무나 현실적인 이유가 있었습니다. 스웨덴의 '무상의료'에 가까운 의료체계가 지속가능하려면 코로나19로 폭증할 수밖에 없는 의료수요를 억제해야 했기 때문입니다.

실제 스웨덴의 인구 1,000명당 병상 수는 2.2개로 한국(12.3개)의 18%에 불과하고 이는 북유럽 국가 중에서도 적은 편에 속합니다. 코로나19를 통제하기 시작하면 의료체계 붕괴로 초과사망이 늘어날 수밖에 없는 구조입니다. 고용구조도 작용했습니다.

북유럽 정책 전문가인 경북대 행정학부 최희경 교수는 스웨덴이 교육시설을 봉쇄하지 않은 이유에 대해 "초등학교와 보육시설이 문을 닫아서 아이들을 보내지 못하면 보건의료와 연관된 직종에 근무하는 여성들이 일을 하지 못하게 된다"며 "연쇄적으로 붕괴되는 상황이 올 수 있으니 학교를 봉쇄하기보다는 유지하는 게 낫다는 판단을 한 것"이라고 분석했습니다.

물론 이런 현실적인 이유도 있었지만 정부가 '자율방역'을 시행할 수 있었던 것은 국민들이 갖고 있는 가치체계가 가장 컸습니다. 바로 '연대의식'입니다. 알베르 카뮈가 소설 『페스트』에서 "선의의 연대로 재앙에 반항하라!"라고 주장한 것처럼 코로나19에 대항해 공동체를 배려하고 서로가 서로를 지켜주는 행위를 내재한 겁니다. 일상을 유지하고 개인의 책임과 자율을 강조하는 것이 국가는 물론 국민들의 기조였습니다.

그렇다면 우리나라의 방역정책 결과는 어떨까요? 표면적으로는 스웨덴보다 성공한 것처럼 보입니다. 확진자 수를 빼면 전체 인구 대비 사망자 수와 경제성장률 등 수치상으로는 스웨덴과 비교해 떨어지는 지표가 없습니다. 우리나라는 코로나19 통제를 통해 표면적으로 스웨덴보다 훨씬 더 성공한 것은 분명해 보입니다. 하지만 우리는 보이진 않지만 중요한 것을 잃었습니다. 바로 스웨덴이 합의를 통해 코로나19 감염확산을 각오하고도 지키려고 한 공동체의 핵심, 연대입니다.

우리나라는 코로나19 확산 시작부터 확진자 동선 공개로 개인은 물론 특정교회와 장소, 집회 참석자 등을 차례로 악마화했습니다. 백신 미접종자를 보호한다는 명목의 방역패스는 접종자와 미접종자를 찢어놨습니다. 자영업자들은 희생을 강요당했고 국가는 피해보상에 소홀했습니다. 국민들이 방역정책을 두고 내 편과 네 편으로 분열할 때 정부는 갈등을 봉합시키기보다는 오히려 갈라치기로 편가르기를 했습니다.

결국 갈등과 상흔은 코로나19가 마무리되고 일상이 모두 회복되더라도 두고두고 남아 한국 사회를 괴롭힐 것입니다. 그리고 결과론적이지만 우리나라는 이 연대를 잃은 뒤에야 오미크론을 계기로 스웨덴처럼 자율방역의 길로 가고 있습니다.

7

인류의 반격-
백신과 치료제 개발

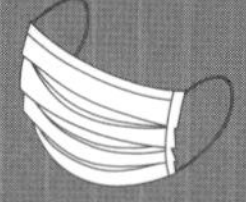

1

코로나19 백신의 종류-mRNA, 바이러스벡터, 단백질 재조합

바이러스나 병원체에 대항하기 위해 인류가 만든 무기인 백신은 그동안 수많은 생명을 구해왔습니다. 우리 몸의 면역체계가 선행학습을 통해 미리 바이러스나 병원체의 몽타주를 기억하게 하는 이 예방법은 1796년 영국의 에드워드 제너가 천연두를 막을 우두법을 발견한 뒤 라틴어로 암소를 의미하는 '바카Vacca'로부터 따와 백신Vaccine이라고 이름 지었습니다. 이번에는 이 백신을 이야기하고자 합니다.

코로나19 확산 이후 다국적제약사들은 얽히고설킨 특허권을 피해 각기 효과적이라고 생각하는 방식으로 백신 개발에 나섰습니다. 그리고 다행히 코로나19 확산 1년이 안 된 시점에서 백신접종을 시작할 수 있었습니다. 기존 백신이 개발부터 허가까지 평균 10년 이상 걸리던 것과 비교해 보면 얼마나 대단한지 감이 잡히실 겁니다.

이렇게 전 세계적으로 상용화된 코로나19 백신 20여 종 가운데 우리나라에서 허가된 백신은 아스트라제네카AZ와 화이자Pfizer, 얀센Janssen, 모더나Moderna, 노바백스Novavax 등 5가지입니다. 모두 바이러스 전체를 이용하는 고전 백신과 달리 바이러스가 세포에 침입하기 위해 사용하는 스파이크 단백질을 항원으로 이용하는 방식입니다.

①mRNA

현재 이 5가지 백신 가운데 가장 많이 사용되고 있는 것이 화이자와 모더나 백신입니다. 백신 상용화 과정에서도 1, 2위를 차지했고, 현재도 대부분 국가에서 주력 백신으로 쓰이고 있습니다. 이 두 백신에는 현재까지 등장한 백신 기술 가운데 가장 진보된 백신 제조기술이 도입됐습니다. 바로 mRNA(유전정보전달물질)를 이용하는 '핵산' 방식입니다.

mRNA를 알기 위해서는 먼저 RNA를 알아야 하는데요. RNA(리보핵산)는 DNA(디옥시리보핵산)와 함께 우리 몸의 대표적인 유전물질입니다. mRNA는 이 RNA 중에서도 전달자messenger 역할을 해 '메신저 RNA' 또는 '전령 RNA'라고 불립니다. mRNA 백신은 이 전달자의 특성을 이용해 만든 백신입니다. 쉽게 말해 특정 바이러스나 병원체에 대한 면역반응을 유도하는 '항원'을 우리 몸속 세포가 생산하도록 mRNA라는 '설계도'를 넣어주는 방법입니다.

mRNA를 이용해 코로나19 바이러스의 스파이크 단백질을 만드는 유전정보를 전달하고 체내에서 스파이크 단백질이 생산되면 면역세포가 스파이크 단백질에 대응할 항체를 만들어내는 거죠. 이처럼 면역체계가 항체를 만들 수 있도록 하는 역할의 단백질이나 바이러스를 따로 배양할 필요가 없다 보니 개발 속도 역시 매우 빠릅니다.

실제 모더나는 백신 개발 과정에서 코로나19 바이러스의 게놈 서열을 받고 단 이틀 만에 백신 스퀀스 디자인을 끝낼 정도였습니다. 변이가 일어나기 전 초기 예방률 역시 95% 이상으로 매우 높게 나타났습니다. 우리 몸속에서 원래 쓰이는 신호전달물질 만을 주입하는 방식이다 보니 이론적으로는 부작용 걱정이 없는 것도 장점입니다. 다만 부작용이 아예 없는 것은 아닙니다. 드물게 심근염이나 심낭염이 나타날 수 있는데 100만 건당 4건 수준입니다. 주로 젊은 연령의 남성에게 부작용이 집중됐고 1차보다 2차 접종 뒤 더 많이 발생하는 것이 특징입니다. 원인은 정확하게 밝혀지지 않았지만 백신 접종 과정에서 외부 환경에 약한 mRNA를 감싸 보호하기 위해 사용하는 지질나노입자, 즉 LNP[Lipid Nano Paricle]가 일으키는 과민반응이 원인일 수 있다는 지적이 있습니다.

이밖에 유통이 어렵다는 단점도 있습니다. mRNA가 높은 온도에 대단히 취약하기 때문입니다. 화이자는 영하 70도 이하, 모더나는 영하 20도 이하로 보관해야 합니다. 이 때문에 콜드 체인 인프라가 필수이다 보니 기존 다른 백신에 비해 관리가 어렵다는 약점이 있습니다.

②바이러스벡터

두 번째 방식은 아스트라제네카와 얀센 백신이 사용한 바이러스벡터 방식입니다. 바이러스벡터 백신이라는 이름은 인체에서 면역반응을 유도하기 위한 운반체(벡터)로 바이러스를 사용하기 때문에 지어졌습니다. 실제로 항원을 포함하지 않고 신체 자체의 세포를 사용해 만든다는 점에서 기존의 백신과 다릅니다. 바이러스를 이용하는 만큼 인체에 유해한 것 아니냐고 오해할 수 있는데 바이러스벡터 백신에 사용되는 바이러스는 생명공학적으로 코로나19 바이러스가 갖고 있는 스파이크 단백질 합성에 대한 DNA를 포함하면서 인체에는 무해하도록 선별된 바이러스입니다.

이를 위해 사용된 바이러스가 바로 아데노 바이러스인데 스파이크 정보가 담긴 DNA를 아데노 바이러스의 껍데기에 넣어서 운반체로 이용합니다. 이 운반체인 아데노 바이러스의 원래 유전자는 모두 삭제되었기 때문에 인체에 무해한 점을 활용한 겁니다. 다만 백신별로 이용하는 아데노 바이러스에 차이가 있습니다.

아스트라제네카는 침팬지에게만 감염되는 아데노바이러스 5형Ad5을, 얀센은 인간 아데노바이러스 26형Ad26을 운반체로 이용합니다. 이 바이러스벡터 백신은 무해한 바이러스를 이용해 항체도 생성하고 세포성 면역도 강력하게 유도한다는 점에서는 장점이 있습니다.

다만 약점도 있습니다. 우선 벡터로 사용한 바이러스 그 자체에 인체가 면역을 가질 수 있다는 점입니다. 과거에 벡터로 사용된 아데노 바이러스에서 유래된 바이러스로 감기가 걸려서 면역이 남아 있는 사람이라면 벡터가 세포에 접근하기도 전에 우리 몸속 면역 시스템의 공격을 받을 수 있다는 말입니다. 때문에 예방률 역시 mRNA와 비교해 다소 떨어지는 60~70%대를 보이고 있습니다. 부작용이 나타날 가능성이 mRNA백신에 비해 높은 것도 단점입니다. 특히 100만 명당 100명꼴로 혈전, 즉 굳어진 작은 핏덩이가 발생하는 것으로 나타났습니다.

독일 괴테대 연구진에 따르면 아데노바이러스가 정상적으로 세포액으로만 들어가는 것이 아니라, 더 나아가 세포핵까지 뚫고 들어가면서 항원 DNA가 일부가 떨어져 나가는 것이 원인으로 지적됐습니다. 이 떨어져 나간 코로나19 바이러스 DNA 조각이 몸속을 떠다니다 변이를 일으켜 혈전증을 유발할 수 있다는 겁니다. 이런 부작용은 특히 젊을수록 많이 나타났는데 때문에 우리나라에서도 30세 미만은 아스트라제네카 백신 접종이 금지됐습니다.

③단백질 재조합

마지막 노바백스는 전통 방식인 항원단백질을 이용한 재조합백신입니다. 다른 백신에 비해 안정성이 검증된 백신 개발 방법입니다. 구체적으로는 나방세포를 이용해 합성한 스파이크 단백질을 면역증강제와 섞어 필요한 후천성 면역을 확보하는 방식인데 이미 수많은 사람들이 접종한 독감과 B형간염, 자궁경부암 백신도 이 방법으로 개발됐습니다. 스파이크 유전자를 곤충만 감염되는 바이러스에 먼저 끼워 넣은 뒤 이 바이러스를 나방에 감염시켜 스파이크 단백질을 생산하는 '공장'으로 활용하는 방식입니다.

노바백스는 여기에 식물에서 추출한 사포닌을 면역증강제로 추가해 백신을 만들었습니다. 모두 인체에 무해한 물질인 만큼 부작용이 적은 것이 장점입니다. mRNA나 바이러스벡터 등 다른 백신과 달리 보관이나 취급이 유리합니다. 실제 영상 2~8도로 냉장 보관만으로도 장기보관이 가능합니다. 효과 역시 90%로 다른 방식 백신에 비해 떨어지지 않습니다. 다만 개발속도가 문제입니다. 단백질을 정제하는 데 시간이 걸리기 때문에 다른 백신보다 개발 속도가 느렸고 실제 우리나라에도 마지막으로 도입됐습니다.

도표 코로나19 백신비교

백신종류	화이자	모더나	아스트라제네카	얀센	노바백스
개발방식	mRNA	mRNA	바이러스벡터	바이러스벡터	단백질재조합
효능(변이제외)	95%	94.1%	평균 70%	평균 66%	89%
접종횟수	2회	2회	2회	1회	2회
보관온도	-70도이하	-20도	2~8도	2~8도	2~8도

2

누구를 먼저 맞게 할 것인가?…
나라마다 다른 백신접종 우선순위

코로나19 이전에 신종 바이러스가 인류를 어떻게 위협하는지를 생생히 묘사한 영화가 있습니다. 스티븐 소더버그 감독의 2011년작 〈컨테이젼〉입니다. 조금 과장하면 코로나19 다큐멘터리를 보는 듯 바이러스의 공포와 전파과정을 세밀히 묘사했는데 개인적으로 가장 인상적이었던 장면은 백신 접종자를 추첨으로 뽑는 장면입니다. 치명률 25%의 바이러스가 퍼지는 상황에서 유일하게 목숨을 구할 수 있는 백신 물량이 턱없이 부족하자 최선의 방법으로 제비뽑기를 선택한 겁니다. 날짜가 적힌 365개 공을 기계에 넣고 하나씩 나오게 하는 방식입니다. 그래서 나온 첫 공에 적힌 표시는 '3/10'. 3월 10일이 생일인 사람들이 접종 대상입니다. 남녀노소, 직업, 지위 모두 상관이 없습니다. 어떤가요? 맞는 방법일까요?

코로나19 팬데믹 상황에서 우리나라 역시 같은 질문에 마주쳤습니다. 정부가 확보한 백신 물량이 한정돼 있다 보니 전 국민이 동시에 접종할 수 없었고 결국 의료진과 사회적 약자를 최우선으로 하고 이후에는 장유유서 정신을 발휘했습니다. 백신접종은 코로나19 환자를 직접 치료하는 의료진부터 시작됐고 이후 요양병원과 요양시설 입원환자, 그리고 고위험군인 65살 이상으로 확대됐습니다.

당시 정은경 중앙방역대책본부 본부장은 "보건의료체계 기능 유지를 위한 고위험군 의료기관 종사자와 요양병원, 요양시설 등 집단시설에 거주하는 노인부터 접종을 시작해 차례로 접종을 확대해나갈 것"이라며 접종 순위를 설명했습니다. 백신이 고위험군의 사망률 감소와 유행 차단 두 가지 목적이 있고, 고위험군의 사망률이 높은 코로나19 특징 때문에, 우선 고위험군에 접종해서 사망률을 낮추는 게 효과적이라는 판단이었습니다.

그렇다면 다른 나라는 어땠을까요? 코로나19와 사투를 벌이는 의료인력이 최우선 접종 대상이라는 데는 이견이 없었습니다. 다만 한정된 수량을 가장 효율적으로 활용한다는 목표는 같지만 나라별로 판단은 조금씩 달랐습니다. 우리나라와 가장 비슷한 결정을 내린 곳은 미국입니다. 미국 질병통제예방센터 예방접종자문위원회ACIP는 의료 종사자와 필수 산업 종사자에 이어 기저 질환자, 75세 이상 노인 등을 우선순위 접종 그룹에 포함시켰습니다. 의료진을 제외한 소방관, 경찰관, 교정시설 근무자, 교사 등 사회 필수 인력도 포함됐습니다. 가장 마지막이 16살 이상 모든 성인입니다.

처음으로 코로나19 백신 접종을 시작한 영국은 직종보다 나이를 우선 고려했습니다. 먼저 요양원에 머무는 고령층을 1순위로 정했습니다. 그다음은 의료진과 80살 이상으로 정했고 이후 75살 이상, 70살 이상 등 5살 간격으로 순위를 나눴습니다.

유럽으로 가볼까요? 유럽 내 국가들도 국가별 상황에 따라 판단이 조금씩 차이가 났습니다. 독일도 1순위로 80살 이상 고령자와 의료시설 종사자를 우선으로 했지만 2순위는 70살 이상 고령자와 함께 난민 수용소와 노숙자보호소 등 공동숙소를 이용하는 사람들을 대상으로 했습니다. 코로나19 확산 가능성이 높은 곳을 우선으로 한 겁니다. 이후 3순위가 60살 이상 고령자와 만성질환자, 경찰, 소방관 등 주요 인프라 분야 종사자였습니다.

프랑스는 어떨까요? 프랑스는 우선 접종 대상자에 다른 나라들과는 다르게 택시기사 및 공공 운송업 종사자들을 포함했습니다. 코로나19 1차 유행 당시 운송업 종사자들의 치명률이 유달리 높았기 때문입니다. 이 밖에 교직원, 건설 노동자 등 사람 간 접촉이 많은 직업도 일반인에 비해 먼저 백신을 맞았습니다.

방역 효율성을 따져서 고령자가 아닌 젊은 층을 먼저 접종하게 한 나라도 있습니다. 인도네시아는 의료진을 우선 대상으로 하면서도 나이순이 아닌 18~59살 사이 국민에게 백신을 먼저 접종했습니다. 활동량이 많아 확산을 유발하는 젊은 층 집단을 먼저 잡아 코로나19 확산을 줄인다는 목표입니다. 이 밖에 호주와 뉴질랜드는 의료 취약계층인 원주민을 우선 접종 대상에 포함시키기도 했습니다.

국제기준도 있습니다. 세계보건기구, WHO는 백신 분배에 대한 가이드라인으로 ▲이익의 극대화 ▲공정성 ▲형평성 ▲호혜와 정당성 등을 핵심 윤리적 원칙으로 정한 바 있습니다. WHO는 우선순위를 정하진 않았지만 심각한 질병이나 사망의 위험이 높은 그룹, 감염 위험이 상당히 높은 그룹, 전파할 위험이 높은 그룹, 불균형한 부담을 짊어질 위험에 처한 취약 집단, 의료 종사자와 기타 필수 종사자 등을 우선 접종이 필요한 이들로 꼽았습니다.

3

백신 '빈익빈 부익부'…
백신 불평등이 만든 오미크론

71.8% 대 15.5%. 2022년 4월 기준 고소득 국가(국민소득 1만3천 달러 이상)와 저소득 국가(1,050달러 이하)의 백신 접종률입니다. 고소득 국가는 4명 가운데 3명이 백신을 맞았지만 저소득 국가는 6명 가운데 1명뿐입니다. 부스터샷까지 나아가면 상황은 더 심각합니다. 우리나라를 비롯해 유럽과 북미 대부분 국가의 부스터샷 접종률은 60%를 넘지만 에티오피아는 0.3%이고 가봉과 카메룬은 0.1%를 밑돌고 있습니다.

아시다시피 백신접종은 일상회복을 위한 첫걸음입니다. 백신접종률이 높은 고소득 국가에선 일상회복이 마무리 단계로 가고 있지만 대부분 저소득 국가에서는 여전히 봉쇄가 일상다반사입니다. 백신을 살 돈도, 접종 인력도, 보관하고 옮길 수 있는 인프라도 턱없이 부족하기 때문입니다.

이런 백신 양극화는 인권과 보건 차원을 넘어 글로벌 경제에도 어두운 그림자를 드리우고 있습니다. 개발도상국들은 여전히 코로나19 문제를 해결하기 위해 봉쇄조치와 이동제한 명령을 내리고 있고 이는 결국 글로벌 공급망 병목현상으로 이어지고 있기 때문입니다. 크리스티나 게오르기에바 IMF(국제통화기금) 총재는 코로나19에 따른 전 세계 GDP 손실을 5조3,000억 달러(6,360조 원)로 예상하며 "'거대한 백신 격차Great vaccine divide'를 줄이지 않으면 인류의 비극은 계속될 것"이라고 경고했습니다.

해결책이 아예 없는 것은 아닙니다. 백신 공급량을 획기적으로 늘리면 됩니다. 문제는 말처럼 쉽지 않다는 겁니다. 백신공동분배를 위해 출범한 코백스 퍼실리티COVAX는 미국과 유럽 등이 자국우선주의를 바탕으로 백신 선점에 나서면서 목표치를 채우지 못하고 있습니다.

그럼 이런 문제가 남의 일이기만 할까요? 지금 우리나라를 휩쓸고 있는 오미크론이 어디서 왔는지를 알고 있다면 쉽게 말할 수 없습니다. 이 오미크론의 발상지가 바로 백신 부족에 시달리고 있는 아프리카이기 때문이죠. 빠른 속도로 변이를 거듭하는 코로나19 바이러스의 특성상 전 세계가 골고루 백신 접종을 하지 못한다면 감염 확산 추세는 언제든지 반복될 수밖에 없고 결국 코로나19는 끊임없이 그 생명력을 이어나갈 것이기 때문입니다.

감염이 계속 이어진다면 또 다른 변이가 나오면서 기존에 우리가 맞고 있는 백신이 무용지물이 될 수도 있습니다. 역사학자인 유발 하라리는 파이낸셜타임스 기고문을 통해 "전염병의 위기는 오직 글로벌 협조를 통해 해결할 수 있으며, 인류는 전체주의적 감시와 시민의 권한, 국수주의적 고립과 글로벌 연대 사이에서 선택과 마주하고 있다"고 주장했습니다. 코로나19는 불평등한 사회가 얼마나 치명적일 수 있는지 여실히 보여주고 있습니다. 결국 전 세계적 보건 위기를 해결하기 위해서는 국제 정책 공조와 연대가 절실합니다. "우리 모두가 안전해지기 전까지 그 누구도 안전하지 않다"는 안토니부 구테흐스 유엔 사무총장의 지적을 되새길 필요가 있습니다. 지구 위 모든 생명은 모두 연결돼 있는 겁니다.

4

미로에 빠진 국산백신…
그래도 백신주권이 필요한 이유는?

현재 우리나라에서 허가된 백신은 앞서 살핀 것처럼 5종류입니다. 모두 다국적제약사가 개발한 제품들이죠. 그럼 우리나라에서는 백신 개발이 이뤄지지 않는 걸까요? 아닙니다. 코로나19가 2년 넘게 흐른 현 시점에서도 백신주권을 위한 국내 개발은 진행 중입니다.

일상회복과 함께 코로나19가 마무리되어가고 있는 상황에서 무슨 소용인가 할 수도 있지만 우리나라가 코로나19 초기 백신을 얻기 위해 갖은 굴욕을 당한 과거를 생각하시면 그렇게만 말할 수도 없죠. 시계를 돌려볼까요? 코로나19가 전 세계로 확산하던 당시 미국과 유럽은 막대한 자금력을 바탕으로 막 개발을 마친 백신들의 입도선매에 나섰습니다. 모든 국가가 백신 확보경쟁에 뛰어들었지만 한정된 생산량 문제에 물량은 항상 부족했습니다.

결국 백신 개발이 민족주의의 새로운 전쟁터가 되며 '백신 민족주의 Vaccine Nationalism'까지 만들어냈습니다. 미국과 EU에 이어 '세계 백신 공장'이라고 불리는 인도마저 자국민 우선 접종을 이유로 아스트라제네카 백신의 수출을 6개월간 중단하기도 했습니다.

이처럼 세계 각국이 백신 확보를 위해 전쟁통 같은 경쟁을 벌이던 상황에서 한국은 백신보다는 치료제 확보가 더 중요하다는 판단 착오로 초기 백신 수급에 실패하면서 경제협력개발기구인 OECD 회원국 가운데 가장 늦게 백신 접종을 시작했습니다. 뒤늦게 선입금을 쏟아부었지만 아시다시피 다른 대부분의 나라에서 일상회복을 시작할 때도 우리나라는 뒤늦게 오미크론 후폭풍에 시달릴 수밖에 없었습니다.

백신 가격은 어떨까요? 화이자는 2020년 7월 미국 정부와 백신 1억 회분 공급계약을 맺으면서 공급가격을 1회분당 19.5달러(당시 2만2,000원)로 체결했습니다. 하지만 백신 품귀현상이 빚어지면서 스페인 유력매체인 라 방구아르디아 보도에 따르면 화이자는 다음해인 2021년 4월 EU와의 계약에서 1회분당 가격으로 19.5유로(당시 2만6,000원)를 요구했습니다. 반년 만에 가격을 20% 이상 올린 겁니다.

당시 화이자와 백신 공급 협상을 진행하고 있던 우리나라 역시 비슷한 가격을 지불했을 거라는 추론이 가능합니다. "일반적인 예상과는 달리 오히려 그쪽에서(화이자) 우리에게 빨리 계약을 맺자고 하는 상황"(2020년 11월 17일)이라는 박능후 당시 보건복지부 장관의 발언과는 달리 독점적 지위를 가지고 있는 다국적기업과의 협상에서 선택의 카드가 없던 우리나라는 협상에서 끌려다니며 더 비싼 가격을 지불할 수밖에 없었던 겁니다.

결국 같은 사태가 반복되는 것을 막고 재유행에 대비하기 위해서라도 백신을 자체적으로 개발하고 공급하는 '백신주권'은 큰 의미가 있습니다. 또 기존 백신의 한계를 보완한다는 점에서도 필요합니다. 언제 어디서 새로운 코로나19 변이가 나타날지 모르는 상황이기 때문이죠. 백신 플랫폼이 다양해지면 당장 속도에서 뒤처지더라도 다음 팬데믹에 발 빠른 대응 수단으로 활용될 수 있고 엔데믹으로 매년 유행이 현실화할 경우에 대비한 백신 자급화도 반드시 필요한 부분입니다.

백신주권 확보를 하지 않으면 앞으로도 계속 다국적제약사에 의존할 수밖에 없기 때문입니다. 성백린 백신실용화기술개발사업단 단장은 YTN과 인터뷰를 통해 "지금은 코로나19에 모두 매몰돼 있지만 이것은 향후 10년, 20년 동안 인류를 방문할 수 있는 또 다른 팬데믹의 극히 일부에 해당한다"며 "코로나19가 아닌 다른 감염병이 올 때를 대비해야 한다"고 강조했습니다. 코로나19 이후 다른 바이러스와의 또 다른 전쟁은 언제든 일어날 수 있습니다.

becomes aware that any of the Product has been stolen, diverted, tampered with, substituted, or otherwise subjected to abuse, misuse, neglect, negligence, accident, improper testing, improper storage, improper handling, abnormal physical stress, abnormal environmental conditions or use contrary to any instructions issued by the Contractor. The notice shall provide all information relating to the Product diversion, including, but not limited to, detailed information including the date, time, location, number, batch number(s), expiration date, circumstances, and contact person(s) information.

I.7 Prices

The price of the Vaccine to the Commission and the Participating Member States for the 200 million Contracted Doses will be €15,50 per dose excluding VAT.

The unit price for each dose of the Vaccine is volume-based as set out in the following table:

Volume tier (doses)	1-100 million	101-200 million
Total price per dose within each volume tier, excluding VAT	€17,50	€13,50

To the extent that, contrary to the commitments set out in Article I.6.2 and in the table set out in Article I.6.3, fewer than 200 million doses are ordered under this APA, then the price per dose of the Vaccine will be adjusted accordingly. For example, if the APA is for 150 million doses, the average price will be: ((100 million x €17.50) + (50 million x €13.50)) / 150 million = €16.17 per dose. As another example, if the APA is for 70 million doses, the average price will be: (70 million x €17.50)/70 million = €17.50 per dose.

In addition, if an Additional Order is requested by the Commission and agreed to by the Contractor, the price of the Additional Product will be:

i. €15,50 per dose for any Additional Order placed and agreed by the Contractor within three (3) months of the date that the Contractor first obtains Authorisation;

ii. €17,50 per dose for any Additional Order placed and agreed by the Contractor thereafter but prior to termination of the APA.

I.8 Payment Arrangements

I.8.1 Advance Payment

The Commission agrees to pay an upfront payment of €700 million (calculated as €3.50 per dose multiplied by 200 million doses) to the Contractor (the **"Advance Payment"**). The Advance Payment shall be a down payment to secure the volume ordered as per Article I.5.2, and shall be counted as a payment towards the Delivery Price as defined below.

The Commission shall pay to Contractor the Advance Payment, on behalf of the Participating Member States, within 20 business days after the date of Contractor's invoice in respect thereof.

The parties agree that, as a sole and exclusive remedy for the Commission and all Participating Member States, one-hundred percent (100%) of the Advance Payment will be refunded to the

20

자료사진 EU-화이자 백신 구매 계약서(출처: 스페인 일간지 La Vanguardia)

5

게임체인저 기대에서 계륵으로, 코로나19 치료제 개발기

인류가 질병에 대항하는 무기에는 백신과 더불어 치료제가 있습니다. 이 가운데 치료제는 질병으로부터 벗어나기 위한 최후의 보루입니다. 전염병이 확산할 때 백신이 질병의 침공을 막기 위한 방탄조끼 개념이라면 치료제는 질병과 직접 싸울 수 있는 무기 역할을 한다고 생각하면 쉽습니다.

실제 2009년 우리나라를 휩쓸었던 신종플루는 타미플루라는 걸출한 치료제를 통해 순식간에, 그리고 완전히 제압됐습니다. 전염병 상황에서 적확한 치료제 개발이 기존의 판도를 완전히 뒤바꾸는 이른바 '게임체인저'라고 불리는 이유입니다. 하지만 이번 코로나19 사태에서는 인류는 아직 '엔드게임'을 이끌 수 있는 확실한 '게임체인저'를 발견하지 못했습니다. 교활한 코로나19가 변이를 거듭하면서 포격을 집중할 좌표를 제대로 잡지 못하고 있기 때문입니다.

현재까지 나온 코로나19 치료제는 크게 두 가지 방식으로 나뉩니다. 항체치료제와 항바이러스제입니다. 먼저 셀트리온의 렉키로나로 대표되는 항체치료제를 알아보죠. 아시다시피 코로나19 바이러스는 세포에 침투하기 위해 표면에 스파이크(돌기) 단백질을 갖추고 있습니다. 스파이크 단백질이라는 열쇠를 통해 인체 세포에 기생하고 증식할 수 있는 거죠. 항체치료제는 이런 코로나19 바이러스의 스파이크 단백질에 미리 달라붙어 코로나19 바이러스가 세포에 침투하는 것을 막습니다. 코로나19 바이러스가 몸에 들어와도 옴짝달싹할 수 없도록 손발을 묶어버리는 셈입니다.

문제는 코로나19의 변이가 거듭될수록 치료 효과가 떨어진다는 점입니다. 오미크론은 기존의 원형 코로나19 바이러스와 비교해 36개의 스파이크 단백질 변이를 가지고 있습니다. 앞서 전 세계를 호령했던 델타 변이보다도 4배나 많습니다. 오미크론이 변이를 통해 획득한 스파이크 단백질이 강력한 전파력뿐만 아니라 항체치료제 회피에도 효과적으로 사용되는 셈입니다.

두 번째 치료제는 코로나19 바이러스 자체를 노리는 항바이러스제입니다. 현재 사용이 허가된 코로나19 항바이러스제는 3가지인데 모두 작용기전이 다릅니다. 가장 먼저 허가를 받은 길리어드사이언스사의 렘데시비르는 RNA 의존형 RNA 중합효소를 억제해 코로나19 바이러스의 복제를 막는 방식이고, 머크사의 몰누피라비르는 바이러스 돌연변이를 발생시켜 스스로 죽게 하는 방식을, 마지막으로 화이자사의 팍스로비드는 바이러스 증식 과정에 필요한 단백질 분해를 억제하는 방식입니다.

다만 이 항바이러스제도 한계가 있습니다. 항바이러스제는 인체에 침투한 바이러스를 가두거나 더 이상의 증식을 막을 뿐 이미 감염된 세포를 정상으로 되돌릴 수는 없습니다. 즉 코로나19 감염 초기 증상이 악화되는 것을 막을 수 있는 것이지 이미 중증인 환자를 드라마틱하게 회복시킬 수는 없습니다.

항바이러스제의 용량을 늘리면 부작용도 함께 증가하는 위험도 있습니다. 결국 이런 제약 때문에 항바이러스제는 코로나19 초기 증상 나타난 뒤 5일 이내 투여가 원칙입니다. 특히 현재 개발된 치료제들은 기존에 다른 질병을 앓고 있는 사람들에게는 적용도 까다로워 일부 고위험군은 적용대상에서 제외되거나 입원과 사망 예방효과가 30% 수준에 그치고 있습니다. 결국 신종플루 상황 속 타미플루처럼 게임체인저 역할보다는 백신처럼 위중증을 막기 위한 보조적 개념으로 적용되고 있는 겁니다. 결국 삼국지에서 조조가 한탄한 계륵과 다를 바 없습니다.

6

암 치료보다 어려운 코로나19 치료제 개발… 까다로운 개발조건

치료제 개발이 왜 어려운가를 알기 위해서는 코로나19의 감염경로를 다시 한번 확인할 필요가 있습니다. 코로나19 바이러스는 한번 인체에 들어오면 기생과 증식 단계를 거치게 됩니다. 다만 단순히 몸에 들어왔다고 바로 감염이 되는 건 아닙니다. 몸에 들어왔다고 해도 세포 안으로 침입하지 못하면 증식이 이뤄지지는 않는 거죠. 바이러스가 세포 안으로 침투하는 것도 쉽게 일어나는 일은 아닙니다. 호흡기를 통해 몸속에 들어온 코로나19 바이러스는 ①스파이크를 이용해 정상 세포 표면의 특정 단백질에 달라붙어 침투한 다음 ②세포를 대리공장 삼아 이용해 자신의 유전자RNA를 복제하면서 증식하고 ③다시 세포 밖으로 나와 다른 세포를 재감염시키는 과정을 통해 세를 불립니다. 이 과정이 반복되면서 몸 안에 코로나19 바이러스 양이 늘어날수록 정상 세포가 파괴되고 이 과정에서 기침과 발열, 근육통 같은 증상이 심해집니다.

만약 체내 면역 시스템이 바이러스 증가 속도를 이기지 못하면 폐렴과 신부전증 등 전신 합병증으로 악화돼 목숨마저 위태로울 수 있습니다. 문제는 이 코로나19 바이러스만을 꼭 집어 잡기가 힘들다는 점입니다. 코로나19 바이러스가 코로나바이러스에서 유래되긴 했지만 완전히 새로운 변종이다 보니 기존의 약물로는 근본적인 치료가 되지 않습니다.

세균의 경우 이미 자연에 수많은 항생물질이 존재하지만 항바이러스 물질은 아예 없기 때문입니다. 이런 이유로 항생제 역시 코로나19와 같은 바이러스 질환에는 무용지물입니다. 결국 전 세계 유수의 다국적제약사들이 최신 기술을 동원해 매달리고도 코로나19 바이러스를 잡는 치료제가 백신보다도 한참을 늦은 이유가 여기 있습니다.

트럼프 대통령이 이야기한 것처럼 주사로 살균제를 집어넣어 몸속 코로나19 바이러스를 깨끗이 잡을 수 있다면 좋겠지만 실제로 그렇게 했다가는 코로나19가 아닌 살균제 때문에 목숨을 잃게 됩니다. 바이러스가 없어질 정도로 살균제를 넣어서 사람이 멀쩡할 수가 없습니다. 락스를 들이킨다고 생각하면 쉽겠네요.

치료제는 코로나19 바이러스만을 목표로 해야지 피아구별 없이 사람의 다른 정상세포까지 마구잡이로 영향을 끼친다면 독약과 다를 바 없습니다. 때문에 『바이러스의 시간』의 저자인 주철현 울산의대 미생물학 교수에 따르면 항바이러스제들이 치료제로 사용되려면 다음과 같은 조건이 충족되어야 합니다. ①세포막을 통과해 바이러스 증식이 일어나는 위치까지 간다. ②세포 대사에 의해 파괴되거나 배출되지 않는다. ③바이러스 단백질의 기능 부위에 단단하게 결합한다. 세포의 정상 단백질은 건드리지 않는다. ④투여 후 혈액 내 약물 농도가 일정 수준 유지된다. ⑤간이나 신장에 독성이 없다.

결국 돌연변이 출몰 등 약물 저항성Drug resistance와 바이러스마다 다른 단백질 사용과 숙주세포 내에서의 복제과정의 차이, 숙주세포 물질 대사 시스템에 얼마나 의존하는지 등의 구조적 특성variety structure를 모두 감안한 항바이러스 치료제를 개발한다는 것은 그야말로 모래사장에서 바늘 찾기 수준의 정교함을 요구하는 겁니다. 그나마 성공했다고 해도 인체에 부작용이 있다면 말 그대로 무용지물입니다. 항바이러스제 개발이 현대 의학의 정수로 꼽히는 항암제 개발 난이도와 비슷하다는 말이 괜히 나온 것이 아닙니다.

결국 국내에서도 코로나19 유행 이후 20개 이상의 치료제 후보물질이 임상시험계획을 승인받았지만 현재까지 허가를 받은 것은 항바이러스제가 아닌 항체치료제인 셀트리온의 '렉키로나주'가 유일합니다. 치료 효과가 제대로 나오지 않으면서 GC녹십자, 일양약품, 부광약품 등은 이미 2021년 치료제 개발에서 손을 뗐고 그나마 2~3개 업체에서만 임상이 진행 중인 것으로 알려졌습니다. 이마저 최종 개발에 성공을 한다 해도 코로나19가 엔데믹으로 변한 탓에 시장성을 이유로 이대로 조용히 개발을 접는 기업들이 늘어날 가능성이 높습니다.

8

코로나19 백신 선택인가? 필수인가?

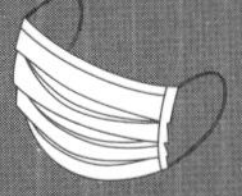

1

당신을 위한 건강가이드, 백신 안전성과 부작용

우리가 코로나19를 극복하고 일상회복을 할 수 있던 가장 큰 이유는 코로나19에 대항할 수 있는 무기를 얻었기 때문입니다. 바로 백신입니다. 간혹 백신과 치료제를 혼동하는 경우가 있는데 가장 큰 차이는 백신은 아픈 사람이 아닌 건강한 사람을 위한 거란 점입니다. 혹시 모를 감염을 예방하고 병에 걸리더라도 약하게 지나가도록 도와주는 것이 백신의 목적입니다.

다만 완벽한 백신은 없습니다. 거듭된 변이로 백신을 맞더라도 병에 걸릴 수 있고(돌파감염), 백신 자체의 부작용에 시달리는 경우도 있습니다. 몸살이나 근육통으로 지나가면 다행이지만 개인에 따라 극히 드물게 혈전이나 심근경색 등 목숨을 잃을 수 있는 심각한 부작용도 있습니다. 현재까지 확인된 모든 코로나19 백신 부작용 발생확률은 인공

호흡 등이 필요한 중증의 경우 100만분의 1 미만(0.000001% 미만)으로 확인되고 있습니다. 다른 일반 백신이나 의약품과 같은 수준입니다.

사실 인간이 개발한 어떠한 백신도 완벽하게 무해할 수는 없습니다. 모든 사람에게 부작용이 없는 무해한risk-free 백신을 만드는 것은 현실적으로 불가능합니다. 정부에서 각종 기준을 통해 정해진 상한선을 넘지 않는 부작용 범위 내의 백신을 안전Safe하다고 판단해 허가하는 겁니다. 따라서 우리 정부가 허가한 5종류의 백신 역시 모두 안전하지만 어느 정도의 부작용도 존재합니다.

그렇다면 우리는 백신을 꼭 맞아야 할까요? 정부 입장에서는 한꺼번에 많은 환자들이 쏟아지게 되면 의료체계가 붕괴되는 만큼 사회혼란을 막기 위해서는 전 국민의 백신접종이 반드시 필요합니다. 이 때문에 정부는 한때 위헌적 소지에도 불구하고 방역패스라는 강제조치까지 들고 나오며 백신접종을 반 강제했습니다.

하지만 백신접종은 어디까지나 전적으로 개인의 선택이긴 합니다. 정부가 아무리 백신의 효능과 안전을 강조하더라도 접종을 직접 강제할 수는 없습니다. 다만 확실한 것은 적어도 예상할 수 있는 부작용으로 인한 피해보다 코로나19 백신을 접종함으로써 얻을 수 있는 효용이 월등히 크다는 점입니다.

방역당국이 분석한 자료에 따르면 '3차 접종 후 확진군'은 '미접종 후 확진군'에 비해 중증(사망 포함)으로 진행할 위험이 92%, '2차 접종 후 확진군'도 '미접종 후 확진군'에 비해 79.8% 낮습니다. 즉, 백신을 맞지 않은 채 코로나19에 확진되면 3차 접종까지 한 사람에 비해 중환자가 될 가능성이 13배, 2차 접종까지 한 사람에 비해서는 5배가 높은 겁니다. 우리나라뿐 아니라 백신 안정성을 지속적으로 평가하고 있는 유럽 EMA와 미국 CDC, 영국 MHRA, 그리고 WHO의 백신안정성평가위원회GASVS 역시 매우 드문 코로나19 백신의 위험보다는 백신접종을 통한 중증입원과 사망을 줄이는 효과가 월등히 높다는 점을 지속해서 강조하고 있습니다.

2

오미크론이 불러온 '슈뢰딩거의 백신' 불만…
돌파감염은 물백신 증거일까?

돌파감염. 백신을 맞고도 코로나19에 걸리는 현상을 말하죠. 근데 여기서 잠깐, "백신 맞으면 코로나19 예방되는 거 아닌가? 아니 백신을 맞았는데 왜 코로나19에 걸리는 거야?" 당연히 이런 질문이 나올 수밖에 없습니다. 우리나라 백신접종률은 90%에 가깝다는 점을 감안하면 돌파감염이 일상화됐다는 표현은 과한 게 아닙니다. 이런 돌파감염 확산에 백신 무용론자들 사이에서는 '슈뢰딩거의 백신'이라는 표현이 나오고 있습니다.

맞습니다. 한 번쯤은 들어보셨을 그 슈뢰딩거의 고양이에서 빌려온 표현입니다. 에르빈 슈뢰딩거는 양자역학의 세계를 설명하면서 상자 속의 고양이가 측정하기 전에는 살았을 수도 있고 죽었을 수도 있다고 비유했죠. 이 슈뢰딩거의 실험에서 살아있는 동시에 죽어있는 고양이처럼 '슈뢰딩거의 백신'은 백신을 맞았는데도 백신을 맞지 않은 것처럼 행동해야만 하는 현실에 대한 풍자입니다.

예를 들면 이런 겁니다. "나는 백신을 맞았지만, 나라에서 항체 검사까지는 해주지 않으니 항체가 있는지 없는지 알 수 없다. 때문에 언제든지 감염될 수 있고 다른 사람에게 바이러스를 전파할 수 있으니 백신을 맞지 않은 것처럼 행동해야 한다. 백신접종과 상관없이 마스크를 써야 하고 거리두기도 지켜야 한다. 따라서 나는 백신을 맞은 동시에 맞지 않은 상태이다."

결국 백신을 맞아도 돌파감염이 수시로 일어나는 현실을 '슈뢰딩거의 백신'이라는 표현으로 비판하고 있는 거죠. 그럼 과연 백신은 소용이 없는 걸까요? 하지만 이 말은 반은 맞고 반은 틀립니다. 우선 항체 면역이라는 관점에서는 백신의 감염예방효과가 급속도로 떨어지고 있는 것은 맞습니다. 이제는 백신만으로 코로나19 통제가 불가능한 상황인 겁니다.

하지만 이 말이 백신이 소용없다는 것은 아닙니다. 코로나19 감염이라는 결과는 같지만 돌파감염과 백신 미접종 감염은 엄연히 다르기 때문입니다. 백신의 효과는 감염예방에만 있는 것이 아닙니다. 예방접종은 위중증 진행과 사망위험을 낮추는 효과가 있습니다. 또한 백신접종으로 위중증 가능성이 낮은 상태에서 이뤄진 돌파감염은 부스터샷으로 얻게 되는 면역보다 훨씬 더 포괄적이고 강력합니다. 자연면역을 통한 세포 면역이 이뤄지고 항체 역가를 다시 늘리는 역할을 합니다.

결국 오미크론 확산상황에서 과거처럼 3T 전략Testing - Tracing - Treatment을 통한 확진자 수 억제가 불가능해진 만큼 우리 사회의 최종 목표인 '엔데믹'으로 가기 위해서는 미접종 감염을 줄이면서 돌파감염을 받아들이는 방역체계가 필요합니다. 오미크론 변이의 기초감염재생산지수R0가 10~12으로 홍역 수준의 전파력을 가지고 있어 백신 접종자의 돌파감염을 완전히 막는 것이 불가능하기 때문입니다.

즉 돌파감염 자체가 아이러니하게도 집단면역을 위한 하나의 전략으로 고려되어야 하는 상황이 온 겁니다. 다만 생백신 접종과 같은 효과가 돌파감염에 적용되듯, 주의사항 역시 마찬가지입니다. 고령층의 경우 세포 면역력이 약하기 때문에 돌파감염에 따른 위험성을 택하는 대신 기존 백신을 정기적으로 접종하는 것이 필요합니다.

3

백신거부를 둘러싼 논의…
집단면역 걸림돌 vs 개인 선택

질문 하나 던지겠습니다. 코로나19 백신을 맞는 것은 자기 자신을 보호하기 위한 것일까요? 아니면 다른 사람을 보호하기 위한 것일까요? 앞선 글을 읽으셨다면 눈치채셨겠죠. 정답은 둘 다입니다. 백신은 코로나19 감염 예방효과뿐 아니라 감염되더라도 위중증 가능성을 크게 줄여줍니다. 여기에 감염병의 가장 핵심인 전파를 통한 확산을 막는 전파 예방효과까지 얻을 수 있습니다.

백신을 맞는 사람이 늘면 늘수록 코로나19는 그 힘을 잃을 수밖에 없습니다. 바로 집단면역Herd Immunity입니다. 앞서 살펴봤듯이 사회 전체를 통제하는 방역은 지속가능할 수 없는 만큼 집단면역 획득을 통한 전염병의 억제가 코로나19 팬데믹 상황에서 가장 효과적인 대응책일 겁니다.

의심의 여지 없이 백신은 개인의 생명은 물론 사회를 구하고 있습니다. 문제는 백신 접종을 거부하는 이른바 '안티백서'Anti-Vaxxer들입니다. 백신 1차 접종 신체적 부작용을 경험한 뒤 2차 접종을 거부하는 이들도 있지만 대다수는 처음부터 백신에 대한 불신 때문에 아예 접종 자체를 반대하는 사람들입니다. 문제는 안티백서가 많아질수록 집단면역의 효과는 줄어들고 무임승차 문제free-rider problem를 발생시킨다는 점입니다.

예방접종이 집단면역의 효과를 거두기 위해서는 가능한 많은 사람들이 백신을 접종받아야 합니다. 안티백서가 늘면 면역장애나 장기이식을 받은 사람처럼 어쩔 수 없이 예방접종을 못 받은 사람들마저 위험하게 만들 수도 있습니다. 다만 우리는 백신접종을 강요할 수는 없습니다. 백신접종이 의무는 아니기 때문입니다. 백신을 맞든지 말든지 선택하는 것은 개인의 자유이고 실제 헌법에서는 '선택의 자유'와 '신체의 자유'를 보장하고 있습니다. 코로나19 백신이 가지고 있는 단점도 이러한 주장에 한몫 보태고 있습니다.

백신접종의 궁극적 목표는 위중증 예방과 함께 집단면역을 통한 바이러스 박멸이지만 상황이 바뀌었습니다. 거듭된 코로나19 변이로 백신 효능이 급감하면서 위중증 예방이라는 자기 자신을 보호하기 위한 용도로 기능이 좁혀졌고 자연면역의 도움 없이는 유행 통제가 불가능한 만큼 집단면역 확보를 위한 접종, 즉 남에게 피해를 주지 않기 위한 접종은 강요할 수 없다는 주장입니다.

실제 중증도 예방과 달리 백신의 전파 예방효과는 백신접종 뒤 시간이 지나감에 따라 빠르게 사라집니다. 실제 영국 보건사회복지부와 옥스퍼드대 공동연구팀 연구결과에 따르면 백신의 전파 억제효과는 3개월이 지나면 일반인과 같은 수준으로 떨어졌습니다. 백신접종 초기의 집단면역 확보라는 목표가 사라진 채 지극히 개인적인 선택이 된 겁니다. 백신접종 거부는 이기주의이자 민폐일까요 아니면 개인선택이자 자유일까요? 새로운 변이가 찾아오기 전에 우리 사회가 좀 더 깊은 논의를 해야 할 주제입니다.

4

그들이 백신을 맞지 않는 이유…
백신 미접종자를 위한 항변

사실 우리나라 국민만큼 정부가 주도한 방역정책과 백신접종 정책을 잘 따르는 나라도 드뭅니다. 2022년 6월 현재 중국이나 쿠바 등 공산국과 왕정 국가를 제외하고 우리나라보다 전 국민 백신 접종률이 높은 나라는 칠레(91.8%), 싱가포르(87.5%), 포르투갈(86.3%) 등에 그칩니다. 백신접종을 스스로 결정할 수 없는 미성년자를 제외한 성인 접종률만 보면 우리나라 역시 97%에 달합니다. 성인 중에서도 코로나19 완치자와 알레르기 또는 약물 거부 반응을 이유로 맞고 싶어도 못 맞는 사람 제외하면 자발적으로 백신을 거부한 이들의 수는 더 적겠죠.

백신을 맞는 이유 역시 나를 위한 것보다는 집단에 대한 배려가 컸습니다. 방역 당국이 조사한 백신접종 이유에 대한 복수 응답 설문에서 1위와 2위는 각각 "나로 인해 가족이 코로나19에 감염되는 것을 막기 위해서(76.4%)"와 "우리 사회가 집단면역을 형성하는 데에 기여하기 위해서(63.9%)"였습니다. (질병관리청, 2021년 5월) 이런 높은 국민의식에도 방역 당국은 접종률을 더 끌어올리기 위해 강제조치까지 동원했습니다. 바로 지금은 사라진 방역패스입니다.

동조압박을 높이기 위해 정부는 백신접종을 마치지 않은 사람들이 식당이나 카페를 이용할 때 혼밥 만을 강요했고 다중이용시설은 아예 출입을 제한했습니다. 방역패스를 도입하며 '페널티'가 아닌 접종자에 대한 '인센티브'라고 주장했지만 백신 미접종자 입장에서는 강제조치와 다를 바 없었습니다. 집단을 위한 개인 희생을 정당화하는 전체주의입니다.

우리는 과거 전체주의가 공동체의 위기를 말하며 소수의 희생을 강요한 사례를 수없이 봐왔습니다. 그리고 이게 얼마나 위험한 것인지도 경험을 통해 배웠습니다. 팬데믹이라는 특수 상황이지만 소수를 압박하는 다수의 의지가 정당화되지는 않습니다. 최대다수의 최대행복이라는 공리주의가 항상 정답은 아니듯 말입니다. 공리주의를 위한 누군가의 희생은 그 사람의 인권을 침해하는 행동입니다.

정부는 강제조치를 하기 전에 국민들이 안심할 수 있고 백신접종을 할 수 있도록 설득하고 안심하고 백신을 맞을 수 있는 제도적 장치를 마련해야 했습니다. 언론 역시 단순히 백신 맞기를 두려워하는 사람들에게 안티백서라는 이름을 붙여 매도하기 전에 백신의 효용과 부작용을 한 번 더 짚으며 좀 더 설득했어야 합니다. 팬데믹이라는 특수 상황이라고 해서 소수를 압박하는 다수 의지가 정당화될 수는 없습니다.

위험 인식 분야의 세계적인 석학인 미국 오리건대 폴 슬로빅 교수는 "대중이 위험을 바라보는 관점이 다르다"고 말합니다. 방역 당국은 까마득한 소수점의 부작용 신고율을 근거로 백신이 위험하지 않다고 주장할 수 있지만 백신 미접종자들은 백신으로 인한 이익보다는 어쩌다 발생하는 그 부작용을 더 심각하게 받아들일 수밖에 없기 때문입니다. 백신접종을 하지 않더라도 코로나19에 걸리지 않으면 아무 일도 일어나지 않지만 백신은 부작용이 일어날 가능성이 드물다고 하지만 그게 내가 아니라는 완벽한 보장을 할 수는 없습니다. 지극히 개인의 선택일 수밖에 없는 이유입니다.

5

누가 이들의 가족을 앗아갔나?… 인정받지 못한 백신 부작용

서울 청계광장에는 매주 토요일마다 어김없이 상복을 입은 사람들이 모입니다. 자식을 잃은 부모와 남편을 잃은 아내, 아버지를 잃은 딸입니다. 이들은 한편에 마련된 분향소에서 제각각 가족을 기립니다. 하나같이 사랑하는 사람이 코로나19 백신을 맞고 세상을 떠난 뒤 남겨진 사람들입니다. "그날도 평소와 다를 바 없었어요. 남편은 자지 않겠다고 칭얼거리는 아이들에게 주말에 실컷 놀자며 한참을 달랜 뒤 함께 잠들었어요. 근데 그게 마지막이었어요. 남편은 그 뒤로 영영 깨지 못했어요."(전경희/故허유창 씨 부인)

세 아이의 아빠였던 허유창 씨는 백신접종 한 달 만에 급성 심근경색으로 세상을 떠났습니다. 평소 아픈 곳 없이 운동을 열심히 하며 건강을 챙겨왔기 때문에 가족들은 백신 부작용을 의심했지만 인정받지 못했습니다. 초등학교 임용고시를 앞두고 있던 이유빈 씨 역시 백신접종 4일 뒤 호흡곤란과 어지럼증을 호소하며 쓰러진 뒤 수술을 받고도 끝내 깨어나지 못했습니다.

혈전이 원인이었지만 방역 당국은 유빈 씨가 모더나를 맞았다는 이유만으로 백신 부작용은 아예 배제했습니다. "많은 사람이 백신을 맞고 숨졌는데 정부는 아무런 유감표명 없이 백신 접종실적에만 집중하고 있어요. 국민을 상대로 생체실험하고 있는 겁니까?"(이남훈/故이유빈 씨 아버지)

고등학생이던 김준우는 2021년 8월 13일 화이자 백신 2차 접종을 했고, 10월 25일 학교에서 쓰러져 이틀 후인 27일 새벽 숨졌습니다. 백신접종 뒤 75일 만이었습니다. 대학병원 의료진은 '백신 부작용에 따른 혈소판 감소와 다발성 뇌출혈에 의한 급성 백혈병'을 사망 원인으로 추정했고 질병관리청에 이상 반응 신고도 이뤄졌지만 피해조사반 평가 결과 백신접종과는 인과성이 없는 것으로 판정됐습니다.

"준우 사망진단서를 보면 직접 사인은 뇌출혈이에요. 백혈병은 추정으로만 나왔어요. 준우는 혈소판이 너무 많이 떨어져 있는 상태였고, (쓰러지고 나서 이틀 동안) 코마 상태였기 때문에 골수 검사도 할 수 없었어요. 그런데 질병관리청은 백혈병이라고 해요. 이걸 제가 어떻게 받아들여요?"(강영일/故김준우군 어머니(SBS 인터뷰)

코로나19 확산을 막기 위한 백신은 우리 사회에 반드시 필요하지만 그 백신이 누군가에게는 돌이킬 수 없는 비극을 부릅니다. 우리나라에서 예방접종을 시작한 이후 부스터샷을 포함한 전체 백신접종 건수는 1억2천만 건에 달합니다. 그리고 이 가운데 0.0002%인 1만8,000여 건에서 급성과민반응인 아낙필락시스를 포함한 중증과 사망 같은 중대한 이상 반응이 나타났다고 신고했습니다.

하지만 방역 당국이 실제 부작용으로 인정한 이 실제 백신의 인과성을 인정한 사망자 2명과 중증이상 반응은 5건에 불과합니다. 나머지는 모두 백신접종이 사망이나 중증반응의 직접적인 원인으로 볼 수 없다는 판단이 내려졌습니다. 왜 부작용이 생겼는지 원인은 모르지만 어쨌든 백신은 아니라는 거죠. 왜 갑자기 멀쩡하던 사람이 백신을 맞고 숨지거나 중증 후유증을 앓게 되는지에 대한 설명은 없습니다. 예방접종 피해보상 전문 위원회는 대부분 의료진들로 구성됐지만 심의 과정은 비공개이기 때문입니다.

부작용을 호소하는 피해자들은 자신들을 대변하는 전문가들의 참여를 요구하지만 받아들여지지도 않습니다. 보상은 둘째치고 치료라도 제대로 받고 싶은데 원인을 모르니 할 수 있는 것이 아무것도 없습니다. 피해자들의 한 목소리로 호소합니다. “정부를 믿고 백신을 맞았는데 왜 부작용의 책임은 피해자의 몫입니까?”

자료사진 광화문 청계광장에 마련된 코백회 분향소

9

코로나19 고지전-
'R값' vs '집단면역'

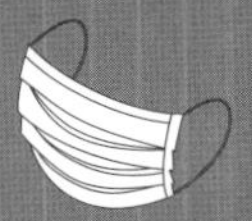

1

뚫으려는 R값, 막으려는 집단면역의 상관관계

코로나19 발병 이후 방역당국은 거의 매일 브리핑을 진행하고 있습니다. 브리핑에서 나온 말들을 모아 많이 나온 순서를 매기면 빠지지 않는 단어들이 있는데, 대부분 처음 들으면 "이게 뭐야" 하는 생소한 의과학 용어들이 많습니다.

R값, 즉 감염재생산지수도 이 가운데 하나입니다. 의학계에 계신 분들이나 통계를 공부하신 분들에게는 친숙한 단어겠지만 기자인 저도 처음 들은 뒤 무슨 말인가 하고 한참을 찾아본 기억이 납니다. 이번에는 이 R값을 알아보겠습니다.(너무 겁내실 필요는 없습니다. 순수 문돌이인 저도 이해했으니까요.) 기본적으로 R값은 어떤 집단에서 질병에 걸린 한 사람이 추가적으로 감염시키는 2차 감염자를 나타낸 수입니다. 지진의 규모를 리히터 척도로 표시하는 것과 마찬가지로 질병의 증식률을 수치화한

거죠. 수치가 클수록 감염전파력이 크다는 의미입니다. (여기서 다시 잠깐. R값도 굳이 따지면 기초 감염재생산지수인 R0(Basic reproduction number)와 실시간 감염재생산지수인 Rt(Effective rereproduction number)로 나눌 수 있는데 우리는 수학자가 아니므로 통상 R값이라고 하겠습니다.)

예를 들어 R값이 2라면 한 사람이 두 명의 감염자를 만들어내는 것을 뜻합니다. 즉 R값이 1보다 조금이라도 더 크다면 전염병은 점점 퍼져나가며 유행하게 되는 겁니다. 만약 R값이 1이라면 한 사람이 다른 한 사람에게만 질병을 전달하므로 풍토병이 됩니다. 마찬가지로 R값이 1보다 작다면 질병은 점차 사라지게 되겠죠. (**표로 표시하면 이렇습니다.) 이처럼 R값은 전염병의 확산 정도를 알 수 있는 중요한 지표입니다. 그리고 이 R값은 [1+전염병의 전파율*세대기간]의 공식을 사용해 대략적으로 계산할 수 있습니다. 인규 역사상 이 R값이 가장 높은 질병이 바로 홍역으로 12~18이고 전 세계에 대유행했던 스페인 독감은 1.8, 사스는 3이었습니다.

그리고 코로나19는 변이에 따라 다르지만 현재 지배종이 된 오미크론 기준으로 초기값인 R0(R 제로가 아니라 R 너트로 발음)는 10 이상, 방역이 이뤄지고 있는 상황을 감안한 감염재생산지수는 3.7~4.2로 추정됩니다. 오미크론이 인류 역사상 가장 빨리 전 지구에 퍼진 바이러스라는 타이틀을 얻은 이유도 여기 있습니다. 다만 접촉률과 지속 기간이라는 변수가 있는 만큼 R값이 전염병마다 고정돼 있는 것은 아닙니다. 똑같은 질병이 발생해도 집단의 인구밀도와 전파율, 감염자 행동에 따른 접촉률, 행동양식과 지속기간에 따라 R값은 상당히 달라질 수 있습니다.

나라마다도 다릅니다. 실제 코로나19 발생 초기 미국에서는 R값이 6 이상으로 추산되었지만 한국은 2.5~3 정도였습니다. 거리두기 정도와 마스크 착용률, 시민의식 등이 반영된 겁니다. 그럼 전염병의 R값을 줄이기 위한 방법은 어떤 것이 있을까요? 우리가 이미 하고 있는 마스크를 쓰고 거리두기를 하는 것, 그리고 확진자를 격리하는 것 모두 이 R값을 줄이기 위한 행동입니다. 다만 막대한 사회적 비용과 인력이 들어가는 방역을 무기한 이어갈 수 없겠죠.

여기서 필요한 것이 바로 집단면역입니다. 코로나19에 걸렸다 완치되거나 백신접종을 통해 면역을 얻은 사람 수가 늘어난다면 방역을 줄이더라도 코로나19의 R값이 1보다 적어질 수밖에 없기 때문이죠. 즉 유행이 억제되면서 감염 규모가 작아지며 소멸하게 되는 이상적인 결과입니다. 방역당국이 코로나19 관련 브리핑을 할 때마다 기-승-전-백신접종 필요성으로 마무리하던 이유입니다.

도표 R값 분류

R>1	감염병 유행이 늘어나며 숫자가 커질수록 유행이 빨라진다 (Pandemic)
R=1	한 사람이 다른 한 사람만 감염시킴 풍토병이 발생한다 (Endemic)
R<1	감염병이 점차 사라진다 (Annihilation)

2

전 국민 백신접종 70%? 아니면 120%?… 집단면역의 조건은?

앞서 우리는 코로나19의 지속가능한 방역을 하며 R값을 줄이기 위해서는 집단면역이 필요하다는 점을 알았습니다. 그럼 집단면역을 얻기 위해서는 전체 국민 몇 명이 백신을 맞아야 하는 걸까요? 코로나19 초기 정부가 백신 도입을 결정하며 집단면역의 조건으로 내건 목표는 백신 접종률 70%였습니다.

응? 뭔가 이상하죠. 그럼 목표치를 훌쩍 넘어 백신 접종률이 90%에 가까운 상황에서도 확진자가 쏟아지는 이유는 무엇일까요? 이유는 코로나19 변이에 있습니다. 초기 코로나19 바이러스의 R값은 2.5~3이었지만 변이를 거듭하며 R값이 계속 올라갔기 때문입니다. 실제 전염력과 치명률이 강한 델타 변이가 출현하면서 집단면역 목표치는 무색해졌고 오미크론에 이르러서는 아예 백신접종을 통한 집단면역은 불가능한 게 아니냐는 의견도 나옵니다.

김윤 서울대 의대 의료관리학과 교수는 아예 집단면역을 달성하기 위한 백신접종 완료율이 100%가 넘는 120%라는 주장까지 내놨습니다. 전 국민이 백신을 모두 맞아야 100%인데 이를 넘어선 120%는 불가능한 조건이죠. 변이 바이러스의 전파력이 기존 코로나19 바이러스에 비해 점점 더 강해지고 있는 데 반해 백신의 감염 예방효과는 계속 낮아지고 있기 때문에 모든 국민이 백신을 맞아도 집단면역은 불가능하다는 점을 강조한 겁니다.

결국 코로나19는 풍토병 차원에서 관리해야 하며, 백신만으로는 잡을 수 없는 만큼 치료제 확보도 적극적으로 수행할 필요가 있다는 주장입니다. 여기서 한 발 더 나아가 집단면역을 올리기 위해서는 방역의 고삐를 너무 죄어서는 안 된다는 의견도 있습니다.

이덕희 경북대 예방의학과 교수는 백신을 통한 집단면역에 더해 자연감염을 통한 교차면역으로 집단면역을 얻어야 한다고 주장합니다. 항체가 빨리 사라지고 끊임없이 변이가 발생하는 바이러스를 대상으로 백신만을 통해 집단면역을 올리고 유지하는 것 자체가 불가능하다는 겁니다. 이 교수는 "결국 건강한 사람들이 경험하고 지나가는 자연감염을 순기능의 관점으로 접근하는 집단면역을 이뤄야만 전체 사회의 피해를 최소화할 수 있다"라고 말합니다. 백신 접종의 궁극적인 목표는 고위험군 중증 예방과 사망률을 낮추는 것이지 집단면역을 위한 전제조건은 아니라는 주장입니다.

3

코로나19 확산예측은 어떻게 하나…
수리모델링의 비밀

“신규 확진자는 10만 명 대 초반까지 떨어질 것으로 예측됐습니다.” “코로나19는 다음 달까지 완만한 감소세를 보일 것으로 보입니다.” 코로나19 예측 기사가 나올 때마다 약방의 감초처럼 빠지지 않는 게 있습니다. 바로 수리모델링입니다. 국가수리과학연구소와 대한수학회가 공동으로 발표하는 이 수리모델링은 코로나19 현재 상황을 근거로 앞으로 확진자 규모나 추이가 어떻게 변화할지를 분석하는 유행 예측의 도구입니다.

적을 알고 나를 알면 백전백승이듯이 코로나19의 움직임을 사전에 알 수 있다면 방역대책을 효과적으로 세울 수 있기 때문이죠. 말 그대로 수학으로 코로나19에 대응하는 겁니다. 그럼 이 수리모델링은 어떤 방식으로 코로나19 바이러스의 확산을 예측하는 걸까요?

이 질문에 대한 답은 전염병 모델의 수학적 원리인 SIR 모델에서 출발해야 합니다. SIR 모델은 1927년 전설적인 논문인 "유행병에서 수학적 이론의 기여"에서 나왔습니다. 시간에 따른 감염자 숫자 변화를 나타내는 수학식으로 SIR에서 S는 감염대상군Susceptible을 뜻하고 I는 감염군Infectious, R은 회복군Recovered를 의미합니다. 한 사회를 S, I, R 3개 그룹으로 나누고 이 그룹 간의 이동량을 시뮬레이션해 전염병의 확산 추이를 예측하는 구조입니다. SIR은 이 세 그룹의 변화를 미분을 통해 추적하는 모델인 거죠. 예를 들어 S그룹의 사람 수, 감염전파율, 전체 인구에서 S그룹과 접촉한 I그룹의 사람 수 비율을 곱하면 S그룹에서 I그룹으로 넘어가는 사람 수를 알 수 있습니다.

또 I그룹 사람 수에 회복률 상수를 곱하면 I집단에서 R집단으로 넘어가는 사람 수가 나옵니다. SIR 모델에 쓰이는 방정식을 수학적으로 분석하면 감염전파율을 회복률 상수로 나눈 값이 1보다 작으면 I집단의 수가 0으로 수렴하게 되는 거죠. 이때 감염전파율을 회복률 상수로 나눈 값이 바로 앞서 언급한 감염재생산지수 R입니다.

이처럼 세 집단의 비율이 시간에 따라 어떻게 변하는지 SIR모델로 확인이 가능하기 때문에 우리는 언제 전염병이 정점에 이르는지 언제쯤 종식될지 예측이 가능합니다. 그럼 이렇게 훌륭한 모델이 있는데 학자들마다 정점 예측이 다르고 종식 선언 시기가 다른 이유는 무엇일까요? 그리고 왜 예측 모델이 틀리는 경우가 많을까요?

여기서 머리가 지끈거리는 변수가 등장합니다. 첫 번째는 SIR 모델에 포함되지 않는 지표들입니다. 전염병이 길어지면 SIR모델에 더해

출생자와 사망자를 고려해야 합니다. 여기에 감염되긴 했지만 전염성이 없는 상황인 잠복기 변수인 E^Exposed^가 더해져야 하고 격리기간인 Q^Quarantine^도 변수로 작용합니다. 사람마다 다른 방역의식과 또 회복된 사람이 다시 감염되는 돌파감염도 고려대상입니다. 회복군이 다시 감염 대상군으로 변하게 되는 상황인 거죠. 이밖에도 연구진마다 중요하게 여기는 변수들에 차이가 있다 보니 결국 SIR이라는 뼈대는 남아 있지만 전혀 다른 산식이 되는 경우가 많은 거죠. 여기에 코로나19가 길어지면 길어질수록 돌발변수들이 덕지덕지 더 붙다 보니 예상이 빗나갈 때도 많습니다. 코로나19 바이러스가 변이를 거듭하고 있다는 점도 큰 도전과제입니다. 결국 코로나19가 길어지면 길어질수록 변수들이 늘어나며 완벽히 예측하는 것은 점점 더 어려운 것이 현실입니다.

10

진짜뉴스를 몰아낸 가짜뉴스…
코로나19 인포데믹

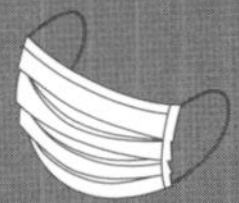

1

모기와 택배가 코로나19 전파?…
가짜뉴스가 퍼지는 과정

우리를 힘들게 했던 것은 코로나19만이 아닙니다. 코로나19보다 더 독하고 끈질긴 생명력으로 아직도 우리 주변에서 불쑥불쑥 나오는 코로나19 인포데믹 즉 가짜뉴스 전염병입니다.

정보Information와 전염병Epidemic의 합성어인 인포데믹Infodemic은 실제 '정보전염병'이라고 불러도 될 만큼 급속도로 퍼지는 현대사회 가짜뉴스의 속성을 그대로 드러내고 있습니다. 특히 백신 접종이 시작된 이후 백신과 관련된 인포데믹으로 우리나라는 물론 각 나라의 방역당국이 곤욕을 치렀습니다.

세계보건기구인 WHO는 코로나19 백신 접종을 거부하는 것을 전염병 확산에 있어 전 세계 건강을 해치는 10대 위협 가운데 하나로 선언까지 했을 정도입니다. 전 세계적으로 '표백제가 코로나19 치료에 효과적'이라거나 '5G 통신망이 바이러스를 퍼트린다'는 음모론까지 다양한 인포데믹이 횡행했습니다.

모기가 코로나19를 옮기기 때문에 마스크는 필요 없다는 허무맹랑한 내용부터 이미 몸 안에 침범한 코로나19 바이러스를 잡겠다고 온몸에 염소를 뿌려야 된다는 내용과 함께 독한 술을 마시는 치료법도 떠돌았습니다. 우리나라도 다르지 않았습니다. 고추대와 대추를 끓여 먹고 증상이 호전됐다는 주장부터 분무기로 소금물을 입에 뿌리면 코로나19를 예방한다는 잘못된 정보도 돌았습니다. 남양유업은 자사 제품인 불가리스를 마시면 코로나19 바이러스를 억제하는 효과가 있더라는 연구결과를 발표하기도 했습니다. 또 구충제인 이버멕틴이 코로나19 특효약이라는 소문이 돌면서 약국마다 품귀현상을 빚기도 했죠.

각각의 가짜뉴스만 보면 이걸 정말 믿는 사람이 있는 건가 싶지만 국가적으로도 이런 가짜뉴스를 퍼트리는 경우도 있습니다. 중국 국영 언론인 인민일보 산하 건강시보는 2022년 4월 한국에서 수입한 의류에서 오미크론 바이러스가 검출됐다며 확진자가 감염된 것이 한국 의류를 구매한 것과 관련이 있다고 보도하기도 했습니다. 세계보건기구인 WHO에서 이미 공식적으로 "바이러스가 택배 포장지 같은 물체나 표면에서 증식할 수 없다"라고 발표했지만 무시된 겁니다.

이런 인포데믹이 무서운 것은 확대 재생산이 된다는 점입니다. 그리고 한번 가짜뉴스에 빠지면 그 생각을 바꾸기는 무척 어렵습니다. 가짜뉴스는 우선 직관적입니다. 사람들은 진실이든 거짓이든 그 내용에서 핵심 혹은 요지를 파악하는 데 온통 관심을 가지고 있다는 것을 이용하는 겁니다.

그런데 그 요지가 진실이라고 생각되거나 쉽게 파악되면 사람들은 주장이나 논리의 다른 부분들이 심각하게 틀렸는데도 쉽게 넘어가주는 경향이 있습니다. 여기에 더해 자기 믿음과 일치하는 정보는 받아들이고 그렇지 않은 정보는 무시하는 '확증 편향'이나 자신이 믿고 있는 것을 확인시켜 주는 정보만 받아들이고 그렇지 않으면 외면하는 '동기화된 추론', 자신의 신념과 믿음을 수정하는 불편함을 회피하기 위해 어떤 사실이 자신의 믿음과 어긋나면 사실을 부인하는 '인지 부조화'까지 더해지면서 그렇게 가짜뉴스는 진실로 둔갑합니다.

2

개 구충제는 어떻게 코로나19 만능 치료제로 둔갑했나?

우리나라뿐만 아니라 전 세계적으로 가짜뉴스가 퍼지는 과정에서 가장 드라마틱했던 것은 바로 개 구충제인 이버멕틴이 코로나19를 퇴치할 수 있다는 믿음이었습니다. 이버멕틴은 백신 반대론자들 사이에서는 '기적의 약'으로 불렸고 일부 국가에서는 실제 코로나19 치료제로 권장되기도 했습니다.

기생충약으로 주로 동물에게 쓰이는 이버멕틴이 어떻게 코로나19 치료제로 둔갑할 수 있었을까요? 가짜뉴스의 생산방식이 여기 있습니다. 절반의 맞는 정보와 절반의 잘못된 정보를 뒤섞어 사람들의 의심을 피하는 겁니다. 그리고 기존 전문가의 말을 비틀어 근거를 쌓아갑니다. 여기에 교묘한 데이터 조작과 일반적이지 않은 특이한 사례가 더해지면 가짜뉴스가 날개를 달게 됩니다. 이버멕틴 가짜뉴스 역시 그러했습니다.

시작은 연구 결과였습니다. 코로나19가 전 세계로 퍼지던 2020년 6월 호주의 한 생의학발견연구소 교수팀이 코로나19 바이러스가 이버멕틴에 노출되자 48시간 안에 파괴됐다는 연구 결과를 국제학술지 '항바이러스 연구'에 발표했습니다. 이어 12월에는 세계적인 감염병 연구자인 앤드류 힐 영국 리버풀대 약리학 교수가 이버멕틴이 코로나19 감염으로 인한 사망 위험을 83% 가량 낮추는 것으로 나타났다며 "이것은 획기적인 치료제가 될 것"이라고 주장합니다. 그리고 관련 연구 결과를 2021년 7월 국제학술지 '감염병 공개포럼'에 실었습니다.

곧바로 이버멕틴은 코로나19를 끝낼 기적의 치료제로 등극합니다. 특히 당시 코로나19 치료제와 백신 모두 구하기 어려웠던 동남아시아를 중심으로 이버멕틴 사용을 정부에서 권장하기도 했습니다. 물도코 인도네시아 대통령 비서실장은 "이버멕틴이 코로나19 치료에 도움을 준다는 데이터가 있다"며 효능을 극찬했고 필리핀 두테르테 대통령은 "백신을 맞지 않는 사람들은 감옥에 가두거나 이버멕틴을 접종시킬 것"이라며 이버멕틴 효과를 검증하는 임상시험 허가를 압박했습니다.

이 밖에 슬로바키아와 인도, 남아프리카공화국, 페루를 포함한 남미 대부분의 지역에서도 이버멕틴은 코로나19 치료제로 권장되거나 처방됐습니다. 우리나라에서도 폐암을 앓던 개그맨 김철민 씨가 펜벤다졸과 함께 복용하는 등 이버멕틴 열풍이 불며 품귀현상을 빚었고 덕분에 동물치료제 관련 기업의 주가도 상승세를 탔습니다. 하지만 코로나19에 대한 이버멕틴의 효과는 모두 거짓이었습니다. BBC 조사 결과 이버멕틴을 대상으로 코로나19 치료효능 검증을 위한 26개의 임상시험 가운데 1/3 이상이 심각한 오류나 허위로 드러났고 나머지 시험들은 이버멕틴의 효능에 대해 설득력 있는 증거를 제시하지 못했습니다.

관련 연구를 진행한 카일 셸드릭 박사는 “이버멕틴이 코로나19 사망을 예방했다고 주장하는 임상시험 가운데 ‘연구가 무효화될 만큼 명백한 조작이나 오류의 징후’가 들어있지 않은 것은 단 1건도 없었다”고 밝혔습니다. 연구 자체가 이뤄지지 않았거나 백분율 계산을 잘못했고 환자들 역시 무작위로 선정되지 않았습니다. 같은 환자의 데이터가 다른 환자들 것으로 조작되기도 했습니다. 이처럼 오류가 확인되자 이버멕틴 효과의 강력한 증거였던 앤드류 힐 교수의 논문 역시 슬그머니 자진철회 됐습니다.

이버멕틴을 만들어 낸 제약사인 머크사 역시 이버멕틴 임상 데이터 분석 결과 코로나19 치료 효과와 사망률 감소 효과가 나타나지 않았다며 과학적 근거가 없다고 발표했습니다. 미국 식품의약국, FDA는 트위터를 통해 “당신은 말이 아니다. 당신은 소가 아니다. 제발 그만하라”는 문구를 올리기까지 했습니다.

하지만 한번 돌기 시작한 가짜뉴스는 그 출처가 사라지더라도 완전히 없애기는 어렵습니다. 여전히 온라인에는 이버멕틴의 효과를 찬양하며 효과가 없다는 주장이 다국적제약사가 퍼트린 가짜뉴스라는 주장들이 많습니다. 여전히 가짜로 확인된 치료 효능을 입증한 수많은 연구를 예로 들면서 과학적 증거들이 무시되거나 은폐되고 있다고 주장합니다.

정부와 제약업계가 이버멕틴의 효과를 떨어뜨리기 위해 오미크론 변이를 퍼뜨렸다는 음모론까지 나돕니다. 이렇듯 가짜뉴스는 한번 돌기 시작하면 자가 발전을 거듭하며 끈질긴 생명력을 갖습니다. 우리가 가짜뉴스를 경계해야 하는 이유입니다.

3

돌파감염에 퍼지는 백신무용론…
왜 가짜뉴스냐고요?

코로나19 가짜뉴스 가운데는 유달리 백신 관련이 많습니다. 백신 도입 초기에는 '유전자를 변형시킨다', '치매를 일으킨다', '전자칩을 심는다' 등 황당한 괴담이 백신 공포를 부추겼습니다. 백신 가운데 가장 먼저 들어온 아스트라제네카는 안전성과 효용성 논란에 '싸구려 백신'으로 폄훼되기도 했습니다. 문재인 대통령이 직접 아스트라제네카 백신을 맞았지만 간호사가 접종 직전 화이자 백신으로 바꿔치기했다는 괴소문이 돌며 담당 의료진이 비난받는 일까지 벌어졌습니다.

이후 백신 접종이 본격화된 뒤에는 통계를 입맛대로 해석하며 백신을 맞으면 안 된다고 주장하는 사람들까지 나타났습니다. '백신 접종 사망자가 코로나19 사망자보다 많다'며 백신이 위험하다는 주장입니다. 백신 접종과 사망이라는 두 개의 별개 사건을 하나로 묶어 사실을 호도하는 겁니다. 전후관계와 인과관계를 뒤섞는 전형적인 오류입니다.

그리고 가장 많이, 그리고 가장 최근까지도 이어지고 있는 것이 바로 백신무용론입니다. 국민 열 명 중 아홉 명 가까이 백신 2차 접종을 한 상황에서도 돌파감염이 이어지며 코로나19가 여전히 기승을 부리는 것은 백신접종이 효과가 없지 않느냐는 겁니다. 이런 주장은 현직 국회의원까지 가세했습니다. 최춘식 의원은 "국민들은 엉터리 부작용 백신을 맞지 않을 권리와 자유가 있다"며 그 근거로 2022년 3월 기준 전체 코로나19 확진자 766만 명 가운데 94%인 723만 명이 백신 1차 이상 접종자라고 주장했습니다.

물론 단순하게 보면 그럴 수 있습니다. 하지만 이러한 주장은 전형적으로 조건부확률의 함정에 빠진 사례입니다. 좀 더 세밀히 따져보면 얼토당토않는 말이란 것이 분명해집니다. 애초에 미접종자 수보다 접종자 수가 압도적으로 많다는 사실이 무시됐기 때문입니다. 안전벨트와 비교하면 이해하기 쉽습니다. 교통사고 사망자 가운데 안전벨트 착용자가 전체의 2/3이고 미착용자가 1/3를 차지한다고 하면 안전벨트 착용이 사망률을 두 배 높이는 걸까요? 그렇지 않습니다. 운전자의 99%는 안전벨트를 매고 운전했다는 사실을 염두에 둬야 합니다. 바꿔 말하면 모든 사람이 벨트를 맬 경우 사망자는 모두 벨트를 찬 사람일 수밖에 없습니다.

백신 역시 마찬가지입니다. 날씨가 갑자기 나빠져 비나 눈이 내려서(오미크론) 교통사고(돌파감염)가 늘어난다고 하더라도 교통사고 자체는 안전벨트(백신)를 매고 안 매고에 따라 결정되는 것이 아닙니다. 사고 위험과 사망 위험은 엄연히 다른 겁니다. 백신접종은 코로나19 감염이라는 사고는 막지는 못해도 사망위험을 줄이는 안전벨트 역할은 할 수 있습니다. 왜 백신을 맞아야 하는지 아시겠죠?

4

전염병처럼 퍼지는 가짜뉴스…
가짜뉴스의 끈질긴 생명력

'코로나19 가짜 뉴스'는 쉽게 확대 재생산되기도 합니다. 특정 세력의 의도가 개입할 때는 더 집요합니다. 코로나19 초기 큰 논란이 된 '정부가 확진자 수를 줄이기 위해 검사를 막고 있다'는 허위 정보가 대표적입니다. 시작은 인천의 한 종합병원에 근무하는 심장내과 전문의 A씨가 페이스북에 올린 댓글이었습니다. A씨는 "(정부가) 검사를 못 하게 하고 있다. 4.15 총선 전까지는 검사도 확진도 늘지 않을 것 같다"고 글을 올렸습니다. 이렇다 할 근거는 없었습니다.

하지만 이 주장은 보수성향의 이용자들 사이에서 급속히 퍼지기 시작합니다. 그리고 구독자 100만 명이 넘는 보수 유튜브 채널 '신의한 수'에 '의사 양심선언! 정부가 코로나19 검사를 막고 있다!'는 제목의 영상으로 확대 재생산됩니다. 그리고 A씨의 댓글 내용은 그대로 기정사실이 됐습니다. 이후 페이스북, 유튜브, 카톡에는 해당 영상링크와 함께 '충격, 정부가 코로나19 검사를 막고 있다'는 취지의 글이 잇따라 게시됐습니다.

보건복지부가 곧바로 사실이 아니라고 정면 반박했지만 선거를 앞둔 정치권은 가만있지 않았습니다. 김종인 미래통합당 총괄선거대책위원장은 "의심 증상이 있어도 엑스레이X-ray로 폐렴이 확인돼야 코로나19 검사를 할 수 있게 만들었다. 총선까지는 확진자 수를 줄이겠다는 것"이라고 주장하며 정부에 대한 공격의 빌미로 삼았습니다. 기성언론이 가짜뉴스의 전파창구 역할을 하기도 합니다. 마스크대란 당시 한 보수 인터넷 매체는 '한국은 마스크 대란인데…일본, 가구당 마스크 40매 무료 지급'이라는 제목의 기사를 올렸습니다. 제목만 보면 우리나라의 코로나19 대응이 일본에 뒤처지는 것 같지만, 실제 기사는 '일본 홋카이도 등 일부 지역 주민들에게 가구당 마스크 6개가 지급되고 순차적으로 총 40매로 늘릴 계획'이라는 게 전부입니다. 하지만 인터넷 커뮤니티에는 해당 기사 제목과 함께 '한국은 새벽부터 약국 앞에 줄을 서는데, 일본은 알아서 가구당 40장을 지급한다' 비판 글에 더해 '우리나라는 중국에 퍼 주기 때문에 저런 거 못 한다'는 새로운 허위사실까지 더해져 유통됐습니다.

가짜뉴스는 건강에 직접적인 악영향을 끼칠 수도 있습니다. 경기 성남시 은혜의강 교회에서 발생한 코로나19 집단감염 사태가 단적인 사례입니다. 당시 교회에선 예배에 참석한 신도들의 입에 코로나19를 예방한다며 분무기로 소금물을 뿌렸습니다. 교회 입장에선 '바이러스

예방' 목적이었다지만, 결과적으론 확진자 입에 소금물을 뿌렸던 분무기를 소독하지 않고 다른 예배 참석자들에게도 사용하면서 감염을 부추긴 꼴이 됐습니다.

가짜뉴스는 위기 극복 과정에서도 심각한 방해 요인으로 작용합니다. 방역당국 입장에서는 코로나19 확산방지에 모든 힘을 기울여도 모자랄 판에 허위 정보라는 또 다른 적과 싸우는 '소모전'을 치를 수밖에 없기 때문입니다.

5

'양치기 소년' 된 방역당국… "매일같이 왜 이러세요?"

가짜뉴스는 대부분 정부 정책에 반대하는 개인 또는 집단이 의도를 가지고 만들지만 때로는 아이러니하게도 정부가 가짜뉴스의 생산자가 되기도 합니다. 2022년 2월 코로나19 치료 각자도생 논란을 부른 오미크론 재택치료 정책의 그 예입니다. 그때로 돌아가 볼까요? 보건복지부 기자단 단톡방을 통해 뿌려진 정부의 정책 안내를 살펴보죠.

#2월 7일="10일부터 재택치료 집중관리군은 60살 이상이거나 50살 이상 기저질환자입니다."

#2월 9일 오전="아 잠깐 60살 이상이거나 기존에 팍스로비드를 처방받은 사람으로 바꿉니다."

#2월 9일 밤 11시="아 다시 잠깐, 원래대로 돌릴게요. 7일 자 방침 그대로 갑니다."

정부는 2월 10일부터 60살 이상 고령자와 50대 기저질환자는 하루 2번씩 재택치료 모니터링을 받도록 결정했습니다. 집중관리군이 아닌 일반관리군은 '셀프관리'로 건강상태를 스스로 살펴야 합니다. 증상이 있어야 의료기관에서 진료를 거쳐 약 처방을 받을 수 있습니다. 결국 집중관리군인지 여부에 따라 치료방침이 달라질 수 있지만 방역당국은 시행 하루 전날에야 지침을 확정했습니다.

하루 만에 두 번 수정했고 마지막 지침은 시행 1시간을 앞두고 결정됐습니다. 오락가락 방역정책은 이번만이 아닙니다. 방역당국은 2022년 2월 4일에는 재택치료를 효율화한다며 모니터링 횟수를 일반관리군은 하루 2번에서 1번으로, 집중관리군은 3번에서 2번으로 바꾼 바 있습니다.

그걸 다시 모니터링 관리대상을 더 줄인다며 7일에 다시 일반관리군 '셀프관리'를 도입했습니다. 이렇게 방역정책이 하루가 멀다고 바뀌다 보니 방역당국도 자기들이 무슨 이야기를 하는지 모른 채 발표하는 상황까지 이어지고 있습니다. 재택치료 모니터링 원칙을 발표하면서 일반관리군이 전화상담이나 처방을 받을 때 부담해야 하는 진찰료 지침을 놓고도 하루 만에 말을 바꿨습니다.

오전에는 "일반관리군 환자는 병·의원 하루 1회 무료 진료이고, 2회 이상 전화 진료 시 비용이 발생한다"고 설명했다가, 오후엔 "동일 의료기관에서 동일질환으로 하루 2회 이상 진료해도 추가 진찰료는 없다"고 정정했습니다. 나중에 알고 보니 병원들과 정확한 협의 없이 발표부터 먼저 하다 보니 혼선이 빚어진 겁니다. 수년째 취재를 하고 있는 기자들도 어안이 벙벙한데 직접 재택치료 받는 분들은 심정이 어땠을까요? 출입기자로서 웬만하면 보건복지부 쉴드를 쳐주고 싶지만 그때는 이건 해도 너무하다 싶습니다. 보건복지부 기자단 단톡방에서도 "매일같이 왜 이러냐"는 항의가 빗발쳤습니다.

오미크론이 하루아침에 뚝 떨어진 것도 아니고 방역당국 스스로 국민들에게 꼼꼼히 준비해야 한다고 앵무새처럼 외치더니 정작 정부가 앞장서서 혼란을 자초한 겁니다. 방역패스는 조정과 관련한 정책 결정은 더 가관이었습니다. 법원이 방역패스의 위법성을 잇따라 선고하자 당시에는 받아들일 수 없는 판결이라며 항소 의지를 불태우더니 결국은 이마저 2022년 2월 슬그머니 QR코드 전자출입명부를 더는 쓰지 않는 방안을 검토한다며 방역패스 폐지를 놓고 간을 보다가 아예 방역패스를 없애버렸습니다.

결국 이런 오락가락 정책이 되풀이되면서 국민들이 방역평가는 긍정평가보다 부정평가가 앞지르는 결과로 이어졌습니다. 정부가 국민에게 믿음을 주지 못하면 그것은 실패한 정부입니다. 아무리 정책이 올바르고 방향이 맞다 해도 디테일이 없다면 한순간에 가짜뉴스를 퍼트리는 '양치기 소년'으로 변하게 됩니다.

6

코로나19 사태 속 언론…
저널리즘은 작동했나?

코로나19 발생 이후 뉴스 수요는 폭발했습니다. 자신의 생활을 송두리째 바꾼 미지의 전염병에 관심이 몰릴 수밖에 없었죠. 사람들의 관심은 강하고 다차원적이었습니다. 코로나19는 전염병이면서 과학 이야기였고, 사회문화적인 동시에 정치 이야기였기 때문입니다. 언론사마다 특별취재팀이 꾸려졌고 속보를 쏟아내며 단독경쟁을 벌였습니다. 하지만 꼭 필요한 정보와 가치 있는 이야기보다는 자극적인 내용이 더 많았고 오보로 사람들에게 혼란을 준 적도 많았습니다.

예를 들어볼까요. 코로나19 확산 초기였던 2020년 3월 조선일보에 〈"대구 거주자 아니다" 거짓말…서울 백병원 뚫렸다〉라는 기사가 올라왔습니다. 조선일보는 "병원 측에 따르면 A씨는 최근 대구에서 서울 모 대형병원을 오갔다. 대구에 거주한다는 이유로 진료 예약을 거부당했다. 이후 한 개인 병원을 방문하고 보건소에서 우한 코로나19 진단 검사를 받으려 했으나 이마저도 거부당했다"고 보도했습니다. 기사가 나가자 A씨에 대한 비난과 함께 보건소에 대한 성토가 이어졌습니다. 보건소에서 진료를 거부했다는 것은 공공기관이 '국민을 버렸다'라는 의미였기 때문이죠.

보건소에는 항의전화가 빗발쳤고 업무가 마비될 정도였다고 합니다. 하지만 이 기사에서 보건소 부분은 오보였습니다. 해당 보건소는 A씨가 보건소를 다녀갔느냐고 묻는 조선일보 기자 질문에 CCTV까지 확인해 온 적이 없다고 알려줬지만 기사에는 반영되지 않았다고 했습니다. 하지만 방역당국이 확진자 동선을 조사해 보건소를 방문하지 않았다고 발표하기 전까지 기사는 수정되지 않았고 TV조선과 채널에이, MBN에서 동일한 내용을 보도하며 확대 재생산됐습니다.

산 사람을 죽었다고 하는 오보도 되풀이됐습니다. 연합뉴스는 2020년 4월 〈코로나19 확진 내과 의사 숨져…국내 첫 의료인 사망〉 기사에서 "이날 오전 8시 30분께 경북대병원에서 입원 치료를 받던 내과 의사 A(59) 원장이 숨을 거뒀다"며 "국내 첫 의료인 사망 사례이고 국내 172번째 사망자"라고 보도했습니다. 경북대 병원 관계자 말을 인용해 "전날 위기를 넘겼으나 결국 관상동맥이 막혀 숨졌다. 직접 사인은 심근경색"이라고도 확인했습니다. 하지만 이 역시 오보였습니다. 해당 의사는 다음 날 숨지긴 했지만 보도가 나간 시점에는 멀쩡히 살아 있던 상태였습니다.

수많은 언론이 사실관계 확인 없이 해당 보도를 그대로 인용했고 그렇게 산 사람은 죽은 사람이 됐습니다. 메르스 사태에서도 일어났던 일이 또다시 되풀이된 겁니다. 그렇게 속보 경쟁은 산 사람도 죽이고, 죽은 사람도 더럽혔습니다. 언론의 정파성도 문제였습니다. 시간이 갈수록 K방역에 대한 평가는 이데올로기가 개입했습니다. 코로나19 초기에는 국제표준이 되는 방역체계로 우리나라의 위상을 대표하는 단어로 사용됐지만 델타와 오미크론 변이 확산과 백신 수급 문제가 나타나며 정치영역으로 옮겨갔습니다.

언론사에 따라 코로나19를 대처하는 정부의 대응에 대한 평가가 엇갈렸고 언론 본연의 역할로서 자기성찰과 비판은 제대로 이뤄지지 않았습니다. 보수 매체는 갈등의 주체에 초점을 맞추며 정부의 미숙한 대응을 부각시켰다면 진보 매체는 "K방역 성과가 나오면 국민과 의료진 덕, 효과 안 나오면 정부 탓"을 한다며 보수 언론을 비판했습니다. 사회적으로 소모적 논쟁은 커졌고 언론이 만든 여론에 정부 정책 대응이 얼어붙는 일도 많았습니다.

그리고 가짜뉴스는 이런 갈등과 저널리즘의 약점을 파고 들었습니다. 사람들은 코로나19와 싸우는 동시에 의제를 왜곡하고 본질을 외면하게 만드는 가짜뉴스와 나쁜 뉴스에도 맞서 싸워야 했습니다. 그리고 이런 현상은 저널리즘의 위기로 이어지고 있습니다. 사람들은 더 이상 뉴스를 신뢰하지 않게 된 겁니다.

결국 언론은 자유만큼이나 보도에 대한 책임을 져야 한다는 사실을 잊으면 안 됩니다. 알 권리와 보도의 자유를 사수하는 것도 중요하지만 바른 보도가 무엇인지에 대한 성찰도 필요합니다. 팬데믹만큼 치명적인 인포데믹의 시대, 편견과 혐오, 냉소에 맞서 연대와 공존의 가치를 일깨우는 것은 그래도 저널리즘을 수행하는 언론에서 출발해야 하기 때문입니다.

11

코로나19 쇼크, 세계화의 종말

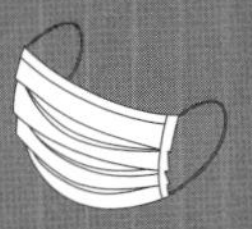

1

세계사 흐름까지 바꾼 코로나19 바이러스의 확산

역사적으로 전염병들은 세계사의 흐름을 바꿔왔습니다. 1347년에서 1451년까지 유럽을 강타한 흑사병은 유럽 인구의 3분의 1을 숨지게 하며 봉건제도의 종식을 불러왔습니다. 심각한 일손 부족으로 장원제는 붕괴됐고 화약과 대포 보급으로 기사계급은 몰락했습니다. 더불어 상인과 제조업자가 새로운 세력으로 나타나며 산업자본이 세상에 등장합니다. 대량생산을 통한 산업혁명과 교역의 본격화입니다.

16세기 중앙아메리카의 아즈텍과 잉카 제국, 마야 문명이 무너진 것 역시 예상치 못했던 천연두의 유행 탓입니다. 가축과 생활해 보지 않았던 아메리카 원주민들에게는 전염병에 대한 기본적인 면역력이 없었고 에스파냐 군대가 옮긴 천연두로 죽는 사람이 전쟁으로 인해 죽는 사람보다 훨씬 많았습니다. 전쟁에서 승리한 점령군은 막대한 양의

금과 은을 유럽으로 실어날랐고 유럽은 이를 바탕으로 화폐경제와 상공업이 크게 발전시켰습니다.

그렇다면 코로나19는 어떨까요? 세계가 그 어느 때보다 가까워지고 하나로 연결되어 있었던 만큼 코로나19는 과거 다른 그 어떤 바이러스보다 영향력이 더 큽니다. 우리에게 익숙한 개념인 세계화는 전염병이 더 멀리, 더 빠르게 퍼질 수 있음을 의미합니다. 인간과 인간 사이의 거리가 가까워지면 가까워질수록 바이러스는 우리 곁에 더 가까이 다가올 수밖에 없습니다.

때문에 우리는 코로나19가 가져온 변화의 시대에 살고 있습니다. 지난 20년 동안 빠른 속도로 확대됐던 글로벌 인적·물적 교류는 쪼그라들고 비교우위와 최소비용을 바탕으로 구축돼온 글로벌 가치사슬Global Value Chain이 코로나19 충격으로 부스러 졌습니다. 수송수단의 발달로 제품생산에 거리가 덜 중요해지면서 그동안 부품이나 제품을 가까운 곳이 아닌 가장 생산비용이 저렴한 곳에서 만들어진 것을 사용했던 합리적인 선택이 이제는 더 이상 통용되지 않습니다.

코로나19의 확산이 세계화의 부작용과 취약점을 고스란히 드러낸 겁니다. 지역봉쇄와 국가 간 전쟁으로 인한 글로벌 공급망의 붕괴입니다. 그 결과 세계 각국은 식량과 보건·의료물자, 생필품 등의 공급망을 국가안보 영역으로 인식하기 시작하고 전반적인 수요위축 속에서 자국고용 및 산업경쟁력 유지를 위한 보호주의를 확산하는 양상입니다.

세계화 시대에는 비용 절감을 위해 오프 쇼어링offshoring으로 생산기지를 해외로 이전한 선진국 기업들이 이제는 국내로 돌아와 생산하는 리쇼어링reshoring, 더 나아가 온쇼어링onshoring으로 돌아서고 있는 겁니다. 2021년 하반기 온 나라를 뒤흔든 화물차 요소수 부족 사태 역시 그 결과물입니다. 결국 우리나라 역시 공급망을 과거 수준으로 회복하는 것이 아니라 지정학적 요인과 국가안보 측면을 고려해 새롭게 판을 짜야 합니다.

캐서린 타이 미국 무역대표부USTR 대표는 2022년 세계경제포럼 다보스 어젠더에서 이러한 변화에 대해 "글로벌 공급망은 코로나19 팬데믹 이전으로 돌아갈 수 없다. 지속가능할 수 있는 새로운 시스템을 구축해야 한다"고 조언했습니다. 우리나라는 이러한 세계화 종말 충격을 가장 크게 받는 나라입니다. 선진국 기업이 생산 공장을 해외로 옮긴 덕분에 신흥국 경제가 성장할 수 있었고 우리나라 역시 이 과정에서 축적된 자본을 바탕으로 경제 강국으로 도약할 수 있었지만 이제는 코로나19에 이은 우크라이나 전쟁을 계기로 그 근간이 흔들리고 있습니다.

세계는 점점 세계화의 장점이었던 가장 쉽고, 가장 저렴한 공급망보다는 비용이 더 들더라도 가장 안전하고 확실한 공급망을 구축하려 하고 있습니다. 러시아에 에너지를 의존했던 유럽과 반도체를 한국과 대만을 통해 조달했던 미국이 변화의 물결을 주도하고 있습니다.

노동시장과 기업의 변화도 주목해야 할 부분입니다. 우리는 재택근무도 충분히 효율적이라는 사실을 코로나19를 통해 경험하고 있습니다. 근무 형태는 다양해지고 근무시간도 유연해졌습니다. 비대면과 비접촉의 일상화를 통한 뉴노멀의 등장입니다. 기업들은 바이러스 리스크를 줄이기 위해 적극적으로 자동화와 AI(인공지능) 개발에 나서고 있는 점도 큰 변화입니다.

2

거대한 위기가 만들어낸 거대한 정부

코로나19는 국제사회 패러다임의 전환도 불러왔습니다. 가장 큰 변화는 세계화에 대한 불신과 큰 정부의 추구입니다. 팬데믹 상황에서 국제적 협력보다는 개별국가의 대응이 더 중요해졌기 때문입니다. 코로나19라는 거대한 위기가 만들어낸 거대 정부의 진격입니다. 2008년 세계금융위기 이후 저성장과 불평등이 고착화하면서 정부의 적극적인 대응이 요구되기 시작했고 이번 코로나19라는 팬데믹은 이러한 추세에 가속패달을 밟고 있습니다. 코로나19로 발생한 대량실업과 불황에서 취약계층을 보호하는 정부 역할이 강조된 점도 있습니다. 전쟁 상황에 준하는 위기에 국민들은 국가로부터 더 많은 보호를 받기를 원하고 통제를 포함한 각종 정책에 적극적으로 반발할 수 없기 때문입니다.

하지만 우리는 정부 실패의 가능성도 염두에 두어야 합니다. 가장 큰 위험요소는 경쟁적인 재정확대의 후폭풍입니다. 코로나19에 맞서기 위해 세계 각국은 천문학적인 현금을 뿌렸습니다. 그것도 지금껏 본 적 없는 속도로 말입니다. 한국 역시 문재인 정부에서 7차례 추가경정예산안(추경)을 통해 130조 원이 넘는 돈을 코로나19 피해지원을 위해 사용했습니다. 코로나19 직전 20년 동안 편성된 추경 규모를 훌쩍 넘습니다. 경기부양에 막대한 재정을, 가능한 빠르게 쏟아부어 코로나19가 가져온 경제활동 위축을 막으려 했던 겁니다.

그러나 이러한 정부개입은 만능이 아닙니다. 정부 부채의 증가는 물론이고 민간경제 효율에 악영향을 끼칩니다. 전 세계가 일본의 잃어버린 20년처럼 장기 저성장의 늪에 빠질 가능성이 높습니다. 미국 연방준비제도는 무제한 양적완화도 모자라 기업과 가계에 직접 자금을 공급하는 초유의 조치를 내렸지만 경제성장률이 마이너스로 돌아서는 것을 막지 못했습니다. 비대해진 정부가 부패할 가능성도 큽니다. 코로나19가 만든 양극화가 포퓰리즘을 키우는 비옥한 토양이 될 수도 있기 때문입니다. 불황이 이어지면 충격 흡수력이 약한 취약 계층이 주로 타격을 입기 때문에 정부 개입에 대한 국민지지 또한 높습니다.

남미의 몰락은 거대한 정부가 포퓰리즘 정책을 펼칠 때의 위험을 보여주는 예시입니다. 1990년대 시장 중심의 개혁 실패로 불만이 커진 시민의 지지를 받아 집권한 아르헨티나와 베네수엘라 등 남미 국가의 지도자들은 선심성 복지지출을 마구 늘렸습니다. 재정은 방만하게 운용됐고 인기영합적인 복지지출로 재정적자는 일상화되고 국가 신용도는 떨어지게 됐습니다.

실물경제 뒷받침없는 통화남발은 초인플레이션을 불러왔고 포퓰리스트정권이 입법부와 사법부는 물론 언론과 시민단체까지 장악하면서 권력에 대한 견제와 감시기능도 약해졌습니다. 결국 경기침체와 부정부패라는 대환장 콜라보에 국가경제는 파탄으로 귀결됐습니다. 이러한 남미의 몰락은 언제든 반복될 수 있습니다. 그리고 이 위기는 민주주의의 위기와도 맞물려 있습니다.

코로나19 이전에도 민주주의는 포퓰리즘과 민족주의의 위협을 받았습니다. 그리고 이러한 민주주의 위협세력들은 거대 정부의 등장을 계기로 더욱 강력해지고 있습니다. 우리가 정신을 바짝 차려야 하는 이유입니다.

3

코로나19 미지의 위험인가, 예견된 재앙인가?

"전 세계는 지금 '블랙 스완'이 떼지어 날고 '회색 코뿔소'가 사납게 날뛰고 있다."(니혼게이자이 신문) 코로나19가 가져온 변화를 이야기할 때 빠지지 않고 등장하는 용어가 바로 이 블랙 스완과 회색 코뿔소입니다. 먼저 검은 백조라는 뜻의 블랙 스완은 바로 도저히 일어날 것 같지 않은 일이 일어나는 현상을 뜻합니다. 하얀 새를 뜻하는 백조가 검다는 것은 보기 전까지는 믿을 수 없는 일이겠죠. 과거의 경험으로는 확인할 수 없는, 상식적인 기대영역을 벗어난 관측 값입니다. 발생 가능성에 대한 예측이 거의 불가능하지만 일단 발생하면 엄청난 충격과 파장을 가져오는 겁니다. 말 그대로 위험이 무엇인지 모르는 미지의 위험Unknown Unknowns이고 극단적으로 예외적이고 알려지지 않았기 때문에 생기고 나서야 왜 그런 일이 일어났는지 설명할 수 있는 사건이기도 합니다.

두 번째로 회색 코뿔소는 누구나 위험이라는 것을 알지만 관심을 기울이지 않고 무심코 지나쳤다가 훗날 위기를 맞는 경우를 말합니다. 개연성이 높고 파급력이 크지만 사람들이 위험을 얕잡아 볼 때 쓰입니다. 커다란 몸에 날카로운 뿔까진 지닌 회색 코뿔소가 위험한 동물이라는 점은 누구나 알지만 한가로이 풀을 뜯고 있는 모습만 생각하고 방심하다 막상 돌진해 오면 아무것도 하지 못하고 몸이 굳어버리게 되는 것을 비유한 말입니다.

그럼 코로나19는 검은 백조처럼 미지의 위험이었을까요? 아니면 회색 코뿔소처럼 예견된 재앙이었을까요? 개인적인 의견은 "시작은 회색 코뿔소였지만 시간이 갈수록 검은 백조로 변하고 있다"입니다. 우리는 과거 사스와 메르스를 통해 치명적 바이러스 전파 사태를 이미 겪었고 공중보건체계를 정비해 왔다고 생각했습니다. 하지만 위험 예측은 인색했고 발생한 충격에 비해 대응력은 초라하기 그지없습니다. 코로나19 초기 종교시설에서 확산이 일어날 가능성이 높다는 점을 알고 있었는데도 신천지교회, 사랑제일교회, IM선교회 등에서 집단감염이 되풀이됐습니다.

교정시설은 코로나19 확산의 최적 조건인 3밀(밀집·밀접·밀폐)의 대표적 장소로 꼽히지만, 서울 동부구치소에서는 수용자들에게 마스크조차 제대로 지급하지 않았고 결국 1,200명이 넘는 확진자가 나왔습니다. 우리가 이런 회색 코뿔소를 잡기 위해 우왕좌왕하는 사이 코로나19는 변이를 거듭했고 결국 예상을 뛰어넘는 치명률과 감염률을 지닌 델타와 오미크론이라는 검은 백조로 변신했습니다.

그리고 의료체계 붕괴에 따른 병상 부족으로 살릴 수 있던 사람들이 죽어나가고 나서야 우리는 과거를 복기하며 엔데믹을 시도하고 있습니다. 우리는 코로나19라는 회색 코뿔소와 검은 백조가 엔데믹을 끝으로 사라진다고 생각하면 안 됩니다. 코로나19가 마지막 감염병이 아니라는 사실을 명심해야 합니다. 다음번에는 회색 코뿔소와 검은 백조가 동시에 함께 찾아올 수도 있는 겁니다.

자료사진 블랙스완과 회색코뿔소(출처: 위키코먼스)

12

변이의 역습-
델타부터 오미크론,
BA.5까지

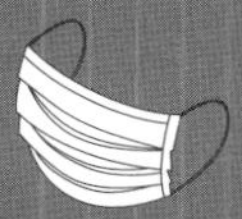

1

알파부터 오미크론, 그리고 BA.5…
변이가 나타나는 이유는?

'끊임없는 자기혁신과 개혁', '안주하지 않는 진취'. 만약 코로나19가 지구를 침공한 외계생물에 대항하는 무기였다면 우리는 코로나19 바이러스를 이렇게 표현했을 겁니다. 실제 코로나19는 변이를 통해 더 빠른 전파력을 얻거나 치명률을 높이며 변신해왔고 이 순간에도 계속해서 변이를 일으키고 있습니다.

실제 코로나19는 이론적으로는 무한에 가까운 변이가 가능합니다. 그리고 이 변이 가운데 현재까지 지역확산이 일어난 관심변이VOI만 18종이고 이 가운데 전 세계로 확산된 우려변이VOC가 우리가 아는 알파(α)와 베타(β), 감마(γ), 델타(δ), 오미크론(ο)입니다. 최근에는 오미크론의 하위변이(BA.2, BA.5)와 이 변이들이 섞인 재조합 변이 XE, XQ까지 나오고 있습니다.

바이러스에서는 왜 이렇게 변이가 자주 발생하는 걸까요? 변이가 발생하는 이유는 바이러스의 본질에 있습니다. 바이러스는 생물과 무생물의 경계에 있기 때문입니다. 혼자서는 살아갈 수 없는 만큼 언제나 숙주를 필요로 합니다. 그리고 이 바이러스의 생산 공장이 바로 숙주의 세포입니다. 세포를 통해 자가복제하며 생명을 이어나갑니다.

이 과정에서 바로 진화론의 정수가 나옵니다. 바로 변이입니다. 자기복제를 통해서 확산하는 바이러스 특성상 무작위적으로 유전자 정보의 오류가 발생하기 쉽습니다. 유전자 복제의 과정에서 오류가 돌연변이를 만들어내는 겁니다. 더욱이 코로나19는 RNA 바이러스다 보니 다른 DNA 바이러스와 달리 수정이나 교정 기능이 없기 때문에 변이가 더 자주 발생합니다. B형 간염처럼 DNA 바이러스는 유전정보가 두 가닥의 이중나선 형태를 띄고 있어 안정적이고 변이가 생겨도 곧바로 소멸될 가능성이 높지만 코로나19 바이러스는 유전정보가 한 가닥의 실로 이뤄 RNA 바이러스이기 때문에 유전자 변형이 일어나기 쉽습니다.

원래 4개의 염기조합 서열로 되어있는 유전체는 A=T, G=C로 염기가 짝을 맞춰서 복사본을 만들지만 염기서열이 잘못 맞춰졌다고 해도 RNA 중합효소에는 에러를 조정할 능력이 없습니다. 이런 유전자 변형을 통한 오류는 일정 크기의 생물에게는 암과 같은 나쁜 결과로 이어지지만 바이러스는 오히려 유전적 다양성을 확보하는 긍정적 효과로 작용합니다. 사람에게는 치명적인 유전자 오류가 바이러스 입장에서는 유일한 진화 수단인 겁니다.

그렇기 때문에 바이러스에게 변이는 숙명이라고도 할 수 있습니다.

다만 돌연변이는 바이러스 자체에도 대부분 해로운 것이기 때문에 후손으로 이어지지 않지만 문제는 면역이 약한 만성질환자가 장기간 감염이 됐을 경우입니다. 보통 건강한 사람에게 감염된 바이러스는 한번 복제하고 반드시 외부로 나가게 됩니다.

즉 한차례밖에 돌연변이가 없는 셈이라 대부분 변이 바이러스는 자손을 남기지 못합니다. 하지만 만성 기저질환자의 경우 변이가 몸속에 살아남으며 계속 복제를 하게 되고 이 기간이 길어지면서 기존의 코로나19와 다른 특성의 돌연변이가 나타나게 되는 겁니다. 특히 이런 돌연변이는 바이러스에 대한 인간의 반격이 거세지면 거세질수록 더 빈번하게 나타납니다.

코로나19 발생 이후 원형의 바이러스는 거리두기와 백신접종 확대로 도태됐지만 변이는 이 거리두기와 백신을 뚫을 무기를 장착해 살아남은 겁니다. 바로 더 빠른 전파력과 백신 내성입니다. 한때 점유율 99.8%를 차지했던 델타 변이를 밀어내고 전 세계 지배종이 된 오미크론 변이가 갖고 있는 특성이기도 합니다.

그럼 오미크론이 변이의 끝일까요? 그건 누구도 알 수 없습니다. 이 기적인 바이러스의 생존 경쟁에서 오미크론 역시 언제든 도태될 수 있고 그 시점 역시 누구도 알 수 없습니다. 다만 분명한 것은 다음번에 나타나 우세종이 되는 코로나19 변이는 오미크론보다 더 빠르고 더 잡기 어려운 놈이 될 거라는 점입니다.

자료사진 코로나19 바이러스 변이분류도(출처: 위키코먼스)

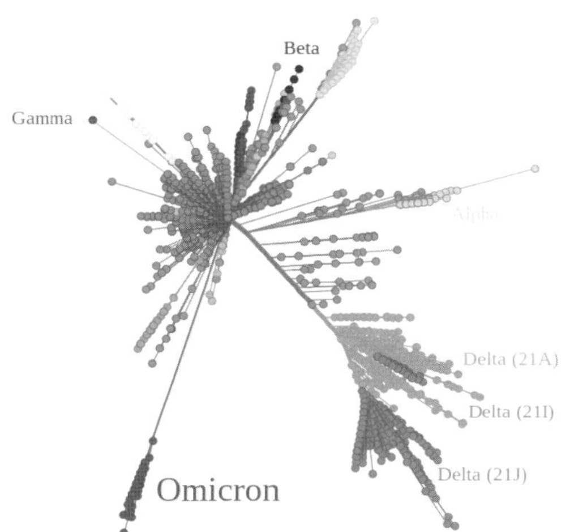

2

오미크론 변이는 축복일까?…
바이러스가 살아남는 법

코로나19 사태에서 가장 큰 분기점이 된 것은 바로 오미크론의 발생입니다. 앞서 살펴본 것처럼 델타에 이어 다섯 번째 우려변이인 오미크론은 등장과 함께 빠른 속도로 전 세계로 퍼져나갔고 이제는 기존의 모든 변이를 몰아내고 압도적인 지배종으로 등극했습니다. 일부 과학자들은 이 오미크론의 등장이 축복이며 전 세계 방역 패러다임이 '제로zero 코로나'에서 '위드with 코로나'로 바뀌는 것을 상징한다고 주장합니다.

실제 초기 코로나19는 한번 감염자가 나오면 봉쇄 이외에는 대응할 수 있는 수단이 없었습니다. 치료제와 백신이 없는 상황에서 한 명이라도 확진자를 줄이지 않으면 그 확산 속도를 감당할 수 없었기 때문입니다. 하지만 이제는 상황이 다릅니다. 기존 변이에 비해 감염력은 높지만 치명률은 낮은 오미크론 변이 특성에 따라 코로나19가 의료체계 안에서 관리 가능한 수준으로 변화했기 때문입니다.

위드 코로나의 시대입니다. 때문에 코로나19 사태에서 오미크론의 등장이 축복이라는 말도 나옵니다. 하지만 대부분의 전문가들은 축복이라기보다는 코로나19의 토착화에 가깝다고 설명합니다. 실제 오미크론 등장은 사실 코로나19 바이러스 진화의 산물입니다.

영국에서 처음 발견된 알파 변이는 전파력이 원형에 비해 50% 커지며 코로나19 유행 판도를 바꿔놨고 이후 베타와 감마를 거쳐 나온 델타 변이는 알파 변이에 비해 다시 전파력을 60%가 높이며 한 단계 더 진화하며 전 세계를 카오스로 몰고 갔습니다. 이후 인류는 백신 접종률을 높이며 코로나19에 대항했지만 코로나19는 이번에는 면역력을 얻은 사람들을 감염시키는 면역회피능력이라는 무기를 장착하며 또 한 단계 진화합니다. 그것이 바로 오미크론 변이입니다.

이처럼 변이가 거듭될수록 전염력은 높아졌지만 다행인 점은 치명률은 점차 낮아졌다는 점입니다. 결국 숙주인 인간을 조금 덜 괴롭히더라도(?) 더 빠르게 더 많이 감염시키는 방법으로 모습을 바꿔온 거죠. 실제 국내 오미크론의 치명률은 0.08%(백신 접종 시)로 계절독감의 치명률(0.05~0.1%) 수준으로 떨어졌습니다. 긍정적으로만 본다면 오미크론 이후에 오는 다른 변이는 병독성이 더 낮아져 일반 감기 바이러스처럼 계절적 변화를 보이면서 우리 주변에 계속 남아있을지도 모르겠습니다. 그게 엔데믹이자 위드 코로나의 시작일 테지요.

3

코로나19 재유행 이끄는 BA.5…
백신도 무용지물?

코로나19가 다시 유행하고 있습니다. 신규 코로나19 환자는 2022년 7월부터 일주일마다 더블링(2배 증가) 수준으로 늘고 있습니다. 소수점 대에 머물던 감염재생산지수 역시 유행의 기준이 되는 1을 넘어섰습니다. 위중증 환자와 사망자 수도 반등했습니다. 모든 코로나19 관련 지표들이 뚜렷이 재유행을 가리키고 있는 겁니다.

방역 당국은 이대로라면 확진자 수가 다시 20만 명 넘게 치솟을 것으로 걱정하고 있습니다. 이렇게 꺼져가던 코로나 유행에 다시 불을 붙인 주범은 오미크론의 하위 변이인 BA.5입니다. 기존의 알파와 베타, 델타 변이처럼 완전히 형태를 바꾼 새로운 변이가 아니라 오미크론 변이의 특징을 이어받은 동생뻘 되는 세부 변이입니다.

남아프리카공화국에서 처음 발견된 이 변이는 오미크론의 원래 이름인 B.1.1.529(BA)에 이어 B.1.1.529.5(BA.5)로 지어졌습니다. 이 BA.5의 특징은 다른 오미크론 변이보다 전파력이 세고, 백신을 맞거나 한 번 감염됐던 사람들이 확보한 면역을 회피하는 능력이 뛰어나다는 점입니다.

영국 보건청 조사 결과 BA.5는 기존 유행을 주도하던 BA.2(스텔스 오미크론)보다 전파속도가 35%나 빠른 것으로 나타났습니다. 하버드 의대에 따르면 기존 확진자와 백신 접종자들이 BA.5에 대항할 수 있는 중화항체를 생성하는 수준은 중국 우한에서 발생한 초기 코로나19 바이러스와 비교하면 1/21에 불과한 것으로 조사됐습니다.

코로나19 바이러스 원형에 대해 현재 개발된 백신이 가지는 감염예방효과를 100%로 보았을 때 오미크론 변이에는 15%까지 떨어지고 한 차례 더 변신한 BA.5에 대해서는 4~5% 수준까지 낮아진 겁니다. 이러한 백신 회피력은 BA.5를 포함한 오미크론 변이의 특성 때문입니다.

오미크론 변이의 돌기(스파이크) 단백질은 초기 코로나19 바이러스를 기준으로 변이 부위가 36곳으로 기존의 다른 변이(알파 10, 베타 11, 델타 9, 감마 12)에 비해 최대 4배가 많습니다. 여기에 BA.5는 한 번 더 변신을 통해 항체를 회피하는 능력을 한 단계 더 높였습니다. 결국 조사 결과를 종합해보면 사회적 거리두기는 물론 확진이나 백신을 통해 얻은 면역력은 BA.5에게는 사실상 효과가 없다는 것이 전문가들의 일관된 의견입니다.

실제 백신을 접종하고도 코로나19에 감염되는 돌파감염과 이미 한 차례 코로나19에 감염된 뒤에도 다시 코로나19에 걸리는 재감염이 늘고 있습니다. 이런 무시무시한 감염력에 국내에서 BA.5에 걸린 사람은 2022년 6월 중반까지만 해도 전체 확진자의 0.9%에 불과했지만 7월 첫째 주부터 절반을 넘어서며 코로나19 재유행을 이끌고 있습니다.

여기에 면역계가 병원체를 처음 만났을 때의 기억이 각인되면서 새로운 변이에 대한 대항력이 떨어지는 항원원죄original antigenic sin까지 겹치면서 문제가 더 심각하다는 주장도 있습니다. 과거에 백신을 맞거나 한차례 코로나19에 걸렸다고 안심할 수 있는 것이 아니라 우리 몸이 우선적으로 경험했던 과거형의 코로나19에 대항하는 항체를 생성하는 데 열을 올리기 때문에 현재 유행하는 BA.5를 포함한 오미크론에 대항하는 것은 효율이 떨어질 수 있다는 겁니다. 면역체계 특성상 한정된 자원으로 자기가 잘 만들 수 있는 것에만 집중하기 때문에 변이에 더 취약해질 수 있다는 논리입니다.

많은 백신 제조 회사들이 기존의 백신을 업그레이드시켜 오미크론을 표적으로 하는 백신 개발에 열을 올리고 있지만 여전히 성공적인 백신이 시장에 나오지 못하고 있는 이유이기도 합니다. 불행 중 다행인 것은 아직까지 BA.5가 다른 변이에 비해 증상이 더 심하지는 않아 보인다는 점입니다. 감염에 따른 치명률은 특별히 큰 차이가 없고 중증도 역시 기존 오미크론과 크게 다르지 않습니다.

주요 증상은 인후통과 발열, 코막힘, 기침, 근육통, 피로감 등으로 기존의 오미크론과 비슷한 것으로 보고되고 있습니다. 다만 여전히 명확한 정체가 밝혀지지 않은 만큼 고령층 등 고위험군의 경우에는 주의가 필요합니다. 일부 연구에서는 고위험군이 BA.5에 재감염되면 최초 감염보다 입원율과 치명률이 높다는 결과가 나오기도 했습니다.

4

코로나19 완치가 끝이 아니다…
코로나19 후유증 '롱코비드'

"탈모가 후유증으로 와서 치료를 받았어요. 정말 굉장히 많이 빠졌어요. 한창 심할 때는 머리 감을 때 수챗구멍이 막힐 정도였어요. 번아웃도 함께 와서 무기력증으로 한참을 고생했고요." 25살 이정환 씨가 겪은 코로나19 후유증입니다. 정환 씨는 코로나19 초기인 2020년 4월 터키에서 입국하다 확진판정을 받았고 2달 넘게 병원에서 지냈습니다. 다 나았다고 생각했는데 퇴원 후에는 또 다른 질병에 한참을 더 고생했습니다.

정환 씨만이 아닙니다. 탈모, 후각 상실, 소화 불량, 우울감. 코로나19가 완치된 이후에도 겪는 증상은 사람마다 다양합니다. 대부분 코로나19와 연관된 기침이나 기관지염 등 호흡기 증상이지만 도무지 설명할 수 없는 후유증도 많습니다. 성기능 저하와 생리불순 등 말 못 할 고민을 포함해 보고된 증상만 200여 가지에 이릅니다. 국내외 연구결과를 종합하면 최소 20%에서 많게는 70%가 이런 코로나19 후유증을 겪고 있습니다.

길어진 코로나19 증상, 이른바 '롱코비드Long COVID'입니다. 세계보건기구 WHO는 '코로나19 감염 뒤 3개월 이내에 다른 질병으로 설명할 수 없는 증상이 최소 2개월 동안 이어지는 상태를 롱코비드로 진단합니다. 2개 이상 복수 후유증을 호소하는 환자들이 대다수이고 5개 이상에서 문제가 느껴진다는 환자도 세 명 중 한 명꼴입니다.

명지대 병원이 환자 7백여 명을 분석해보니 열 명 가운데 6명 이상이 동시에 3가지 이상의 증상을 호소했습니다. 코로나19를 심하게 앓았을수록 후유증을 겪는 비율이 높았고 나이가 많을수록, 남성에 비해 여성 비율이 배 가까이 많은 것도 특징입니다.

영국 연구 결과에서는 남성은 호흡곤란이나 인지장애를 겪는 비율이 높은 반면 여성은 두통과 불안, 우울증 비율이 높았습니다. 딱 떨어지는 것은 없지만 현재까지 확인된 유력한 원인은 코로나19 바이러스가 각종 장기에 영향을 주고 인체가 이에 대응하는 과정에서 일종의 과잉 면역을 일으킨다는 것입니다. 심할 경우 목숨을 잃는 경우도 보고되고 있습니다.

미국에서는 롱코비드 관련 증상이 원인으로 추정되는 사망사례 120건이 나오기도 했습니다. 전문가들은 코로나19가 잠잠해지더라도 빠르면 수년 뒤 롱코비드가 다시 글로벌 보건 문제로 떠오를 것으로 보고 있습니다. 문제는 아직 특별한 치료법이 없다는 겁니다. 특정 증상이나 상태가 뚜렷하게 나타나도 약이 듣지 않다 보니 영양제를 투여하거나 대증치료를 하며 충분한 휴식을 취하는 것 외에는 방법이 없습니다.

이렇게 정확한 진단명·치료법이 없는 데다 롱코비드를 양성·음성으로 진단할 수도 없다 보니 직장이나 학교에서 일상을 보내야 하는 롱코비드 환자들은 관련 증상들에 대해 얘기하기 꺼려질 수밖에 없습니다. 피로감, 두통 등 흔하고 대중적인 증상이 대부분이라 자칫 '꾀병'으로 오해받을 수 있기 때문입니다. 격리해제 기간이 일주일로 고정돼 있다 보니 자신의 증상이 롱코비드인지 아닌지 정보가 부족하다는 것 또한 문제입니다.

전문가들은 롱코비드에 대한 데이터 조사와 관련 연구를 진행해 표준 치료법을 만들 필요가 있다고 주장합니다. 다시 정부의 역할이 중요해진 시점입니다. 감염병 등급을 낮추고 거리두기를 해제하는 것뿐만이 아니라 롱코비드에 시달리는 이들을 돌봐줘야 합니다. 진정한 방역의 끝은 코로나19가 할퀴고 간 상처가 아물 때 비로소 완성되는 것이기 때문입니다.

13

‘엔데믹’ 전환을 향한 전략과 현실

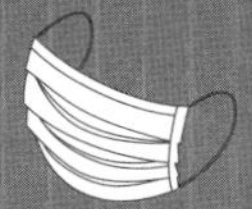

1

시작된 일상회복…
코로나19의 끝일까?

끝이 보이지 않던 거리두기는 마무리됐습니다. 야외 마스크도 벗었습니다. 코로나19의 종식. 그 카운트다운이 시작된 걸까요? 하지만 불행히도 코로나19는 사라지지 않을 겁니다. 전염병에 있어 해피엔딩은 너무나 찾아보기 힘든 사례입니다. 인류 역사 이래 발생한 수많은 전염병 가운데 인간이 박멸시킨 전염병은 1977년을 끝으로 사라진 천연두가 처음이자 마지막입니다. 만약 코로나19와 인류가 편을 갈라 한쪽이 멸종할 때까지 싸워야 한다면 최후의 인간이 사라진다 해도 코로나19는 남아있을 겁니다.

마이클 오스터홀름 미네소타대 전염병연구정책센터 소장 역시 "코로나19 바이러스를 완전히 제거하는 것은 달과 이어지는 다리를 건설하겠다는 계획만큼이나 비현실적"이라고 잘라 말합니다. 코로나19를 포함한 '동물 매개 바이러스'가 발생 이후 완전히 사라진 경우는 없었다는 겁니다. 그래도 끝까지 싸워서 코로나19를 완전히 없앤다는 계획을 세워야 한다면 우리는 1)한번 얻은 면역력이 죽을 때까지 낮아지지 않아야 하고, 2)면역 체계를 피하는 변이가 일어나지 않아야 하며 3)동물에도 코로나19 바이러스가 잔존하지 않아야 한다는 세 가지 조건이 모두 갖춰져야 합니다.

모두 불가능한 조건입니다. 인류는 아마 코로나19와 오랜 기간 불편한 동거를 이어가야 할 겁니다. 코로나19 바이러스는 홍역에 버금가는 역대급 전염력에다 계절독감보다 몇 배는 높은 치사율을 보이고 꾸준히 변이가 발생하고 있기 때문에 인류는 앞으로도 높은 백신접종률과 항바이러스제, 중증환자치료제, 코로나19 전용 특별 의료체계를 구축해 놔야 합니다.

그리고 그마저도 위태로워지면 다시 최소한의 거리두기와 함께 마스크를 착용한 채 살아가야 합니다. 줄어들고 있는 백신효과도 변수입니다. 오미크론은 코로나19를 뿌리로 두고 있지만 집단면역을 가능하게 하는 항체의 관점에서는 전혀 다른 신종 바이러스와 다름없습니다. 기존 항체를 회피하는 오미크론은 백신 접종 여부와 상관없이 퍼지고 있습니다.

만약 또 다른 변이가 발생해 오미크론을 누르고 우세종이 된다면 현재의 백신은 위중증 감소 외에는 효과가 없다고 봐도 무방할 겁니다. 그리고 이런 변이 바이러스의 역습은 시간의 문제일 뿐 언제든 가능합니다. 결국 코로나19와의 전쟁은 끝이 없는 겁니다. 코로나19는 앞으로 인류의 역사와 함께 이어지며 지속적으로 인류를 위협할 가능성이 높습니다.

2

코로나19와의 공존… 엔데믹을 위한 3가지 조건

우리는 코로나19와 공존을 선택할 수밖에 없습니다. 이미 전 세계에 퍼진 코로나19 바이러스를 도둑이나 강도 잡듯이 잡아서 가둬놓을 수 없기 때문이죠. 방역 역시 코로나19를 완전히 사라지게 하는 것이 아닌 우리 의료체계가 감당할 수 있는 시간을 벌기 위한 수단입니다. 이제 막 방역을 풀기 시작했지만 사회 전체가 한꺼번에 코로나19 이전으로 돌아갈 수도 없는 노릇입니다. 방역 당국이 주구장창 이야기한 단계적 일상회복의 이유가 여기 있습니다. 그러면 팬데믹(대유행)이던 코로나19를 엔데믹(풍토병)으로 변화시키기 위한 조건은 무엇일까요?

전문가들이 첫 번째로 이야기하는 것은 '유행의 예측 가능성'입니다. 코로나19가 풍토병이 된다면 '언제, 어느 정도 규모로 발생할 것'이라는 예측이 가능해야 합니다. '이번 겨울철 독감은 최대 500만 명이 감염될 것'이라는 식으로 예상 가능해야 의료체계가 미리 준비할 수 있기 때문입니다. 의료체계가 감당 가능해야 치명률이 독감 이하로 떨어질 수 있고 그러기 위해서는 대다수 국민들이 일정 수준 이상의 면역을 가져야 합니다.

둘째로 손쉽게 치료받을 수 있는 환경도 중요합니다. 부작용이 적고 저렴한 치료제를 동네병원에서 손쉽게 처방받고 구할 수 있어야 합니다. 코로나19 환자라도 독감환자처럼 일반 병원을 찾아가 진단과 치료를 받고 약 처방을 받아 요양을 하는 겁니다. 또 일정 수준으로 감염이 나타나도 백신이나 치료제가 준비돼 있어 피해를 최소화해야 합니다.

현재 팍스로비드 같은 치료제가 있기는 하지만 값도 비싸고 사용에도 제한이 많습니다. 결국 지금보다 안정된 치료환경이 준비되어야 하고 더 효과적인 치료제와 백신 공급도 필요합니다.

마지막으로 새 변이가 발생하지 않는 것도 중요합니다. 엔데믹이 되려면 새로운 변이에 의한 유행이 생기면 안 됩니다. 오미크론보다 전파력이 높거나 백신 저항력이 강한 새로운 변이가 생긴다면 이제 막 시작한 일상회복은 다시 중단할 수밖에 없습니다.

엔데믹이 코로나19의 끝이라는 생각을 버리는 것도 중요합니다. 일상회복을 위한 방역조치는 사회적 조치이고 엔데믹은 바이러스가 어떻게 활동하는가의 진단이라는 점을 잊으면 안 됩니다. 일상회복은 시작됐지만 여전히 많은 사람들이 코로나19로 숨지는 비극은 이어지고 있기 때문입니다. 록펠러 재단 팬데믹 예방 연구소의 전염병 학자인 새뮤얼 스카르피노는 영국 가디언과 인터뷰에서 "엔데믹은 '안전하다'

는 것을 의미하지도, 바이러스와의 싸움을 포기하는 것을 의미하지도 않는다"고 말했습니다.

3

지속가능한 일상회복을 위한 제안

코로나19는 여전히 현재 진행형입니다. 언제든 다시 마스크를 꺼내 써야 할 수도, 사회적 거리두기를 다시 해야 할 수 있습니다. 갑자기 새로운 변이가 나타나 지금껏 쌓아온 대응체계를 한 번에 무너트릴 수도 있습니다. 다만 이제는 어렵게 시작한 일상회복을 지속가능하도록 만드는 방법을 고민해야 할 때입니다. 코로나19가 예상했던 것보다 훨씬 길게 이어지고 있고 언제 끝날지도 가늠할 수 없는 만큼 지금까지 해온 것처럼 사회 모든 자원을 동원해 코로나19를 틀어막는 것은 지속가능할 수 없습니다.

우리는 방역과 보건의료뿐 아니라 코로나19가 사회 경제에 미치는 영향도 고려해야 합니다. 확진자 수가 아닌 의료체계의 역량을 중심으로 정책을 기획하고 집행해 한정된 자원을 효과적으로 활용해야 합니다. 코로나19와 함께 살아갈 수밖에 없음을 인정하고 코로나19의 위험을 제로로 만드는 것이 아니라 수용 가능한 수준에서 받아들일 수 있도록 관리하는 것이 필요합니다.

전 국민을 대상으로 하는 획일적인 방역정책은 사회적 비용을 유발하는 것은 물론 더 이상 국민들이 받아들이기 힘들기 때문입니다. 결국 위험도 평가에 근거한 정교한 정책이 필요합니다. 고위험 시설과 고위험 집단을 집중적으로 보호하고 저위험 시설과 저위험 집단에 대해서는 방역 정책을 완화해야 합니다. 감염병을 잡는다고 초가삼간 다 태우듯이 이동 자체를 틀어막는 것보다는 감염의 위험이 높은 곳에서 위험을 잘 관리하는 것이 더 효과적입니다. 동시에 보건의료 체계의 대응능력을 키워서 과도하게 방역 정책에 의존하지 않도록 시스템을 갖춰야 합니다. 취재를 하며 만난 많은 전문가들은 다음과 같은 노력이 필요하다고 조언했습니다.

- ▶ 빠른 거리두기로 전환가능하도록 사회적 계약 확대(재택근무 여건, 상병수당 도입 등)
- ▶ 전염병 감염에 대한 탈-낙인 노력(초기 확진자 동선 공개로 인한 낙인 방지 등)
- ▶ 감염 취약층 및 피해집단 지원·보상을 사전에 또는 현실적인 수준에서 마련
- ▶ 이동, 집합, 접촉의 정보가 신속히 수집, 활용되도록 정보·통신 기술 결합
- ▶ 의료진 영웅 서사 탈피, 국가적 공중보건 위기 대응 정책 마련(근

무지 안전·인력·조직의 보호 정책)

팬데믹에 대한 효과적인 대응이 무엇인가에 대해 우리 사회는 여전히 큰 불확실성에 직면하고 있습니다. 방역을 넘어 큰 틀의 관점이 필요하고 어떤 정책이 왜 성공했는지 또 왜 실패했는지에 대한 실증적 분석이 필요합니다. 참여를 통해 논의하고 성찰하는 것이 지속 가능한 정책을 만들어낼 수 있습니다.

이러한 정책 분석을 통해 코로나19 위험을 수용할 수 있는 사회경제적 역량을 높이기 위해서는 효과적인 위기 소통도 필요합니다. 지금까지는 코로나19 사태를 위기 상황으로 보고 사회적 합의보다는 신속한 대응에 치중했지만 앞으로는 사회적 논의를 통해 지속 가능한 대응 체계를 마련해야 합니다.

결국 우리는 이제 코로나19가 남긴 과제를 풀어야 합니다. 그 어느 때보다 우리는 더 많은 토론이 필요합니다. 이웃에게 고통과 희생을 강요하고 외면하는 방식으로는 지속 가능하지 않다는 게 우리가 그 많은 희생을 통해 얻은 결론입니다. 우리 모두가 강하게 연결돼 있고 나와 내 가족의 안전을 지키기 위해서는 우리 모두가 함께 안전해야 한다는 것을 잊으면 안 됩니다.

14

“코로나19가 끝이 아니다”- 인류를 위협하는 인수공통 감염병

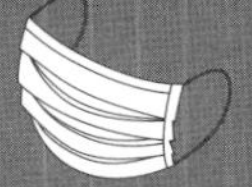

1

코로나19 이은 원숭이두창의 확산… 인수공통감염병의 습격

코로나19에 이어 이번에는 원숭이두창입니다. 일단 확산세가 심상치 않습니다. 영국에서 첫 확진자가 나온 뒤 한 달 만에 유럽과 북미를 포함한 30여 개국으로 확산하며 감염자가 속출하고 있습니다. 그동안 아프리카 풍토병으로 알려졌던 원숭이두창이 또 다른 팬데믹이 될 수 있다는 공포가 커지고 있습니다.

코로나19에 이은 또 다른 인수공통감염병의 습격입니다. 이 원숭이두창Monkeypox은 우리가 앞서 살펴본 천연두의 원숭이 버전입니다. 천연두는 흑사병에 이어 인류 역사상 가장 많은 희생자를 낸 질병 가운데 하나죠. 이집트 파라오 람세스 5세의 미라에서도 발견됐을 정도로 기원전 1,100년경부터 인간을 괴롭혀 왔습니다. 우리나라의 공식 명칭은 두창이지만 성인용 비디오테이프를 볼 때마다 경고문구로 나오던 '호환마마' 가운데 '마마'로도 불려왔습니다.

마마는 큰 손님을 일컫는 무속용어인데 과거에는 일단 천연두에 걸리면 그저 곱게 나가기만을 빌 수밖에 없는 대책 없는 병이었기 때문입니다. 이젠 호랑이의 습격이 거의 사라지고 천연두 역시 백신을 통해 정복됐기 때문에 두려워할 필요는 없게 됐다고 생각했지만 이번에는 원숭이두창이라는 천연두의 변종이 찾아온 겁니다. 다만 이번 원숭이두창은 다행히 과거 천연두보다는 전염성과 중증도가 낮습니다.

세계보건기구에 따르면 2~4주 동안 증상이 지속되다 대부분 자연회복되고 치명률은 과거의 천연두의 1/10 수준인 3~6%로 알려져 있습니다. 그럼 이 원숭이두창이 어쩌다 전 세계로 퍼지게 된 걸까요? 원숭이두창은 코로나19처럼 갑자기 생긴 감염병은 아닙니다. 1958년 덴마크의 한 실험실 원숭이에서 처음 확인된 질환입니다. 천연두와 비슷한 증상이 원숭이에게 나타난 것을 토대로 원숭이두창으로 이름 지어졌습니다.

처음에는 동물감염병으로 알려졌지만 1970년 콩고민주공화국에서 종간감염인 스필오버Spillover를 통해 첫 환자가 발견된 이후 중앙아프리카 지역을 중심으로 풍토병이 됐습니다. 사람 대 사람 간 감염이 없던 것은 아니지만 대부분 이 병에 걸린 설치류나 영장류와 사람이 접촉하면서 감염되는 경우였습니다. 이후 감염병 특성상 아프리카 지역이 아닌 북미와 유럽 등 여러 지역에 전파된 경우가 있었지만 모두 지역사회 전파로 이어진 경우는 없었습니다.

전문가들이 우려하는 것이 여기 있습니다. 원숭이두창이 발견된 이래 이번 확산사태처럼 수십 개 국가에서 동시다발적으로 많은 수의 감염자가 나온 것은 처음이기 때문입니다. 다만 아직까지는 비관론보다는 낙관론이 우세합니다. 앞으로 환자가 더 나올 수는 있지만 코로나19처럼 대유행을 할 가능성은 낮다는 분석입니다. 코로나19의 경우 호흡기를 통해 전파되면서 한 명이 동시에 여러 명을 감염시킬 수 있지만 원숭이두창은 대부분 접촉을 통해서 감염되는 방식이기 때문입니다. 또 코로나19의 경우 RNA 바이러스이기 때문에 활발한 변이 과정을 통해 전파력을 키우지만 원숭이두창은 DNA 바이러스인 만큼 변이가 쉽게 일어나지 않는다는 점도 있습니다.

만약 1979년 이전에 태어난 분이라면 걱정을 더 줄여도 됩니다. WHO가 1980년 천연두 퇴치를 선언하기 전까지는 백신을 의무적으로 맞아야 했기 때문에 원숭이두창 바이러스에 노출되더라도 여전히 면역세포들이 효과적으로 대항할 수 있는 것으로 알려졌습니다. 면역률은 85%에 달한다는 조사도 있습니다.

우리나라 방역 당국도 혹시 모를 전파에 대비하고 있습니다. 질병관리청은 2016년에 원숭이두창에 대한 검사체계를 이미 구축했고 혹시 모를 전파에 대비해 천연두 백신 3,502만 명분도 비축돼 있는 상태입니다.

자료사진 원숭이두창에 걸린 침팬지(출처: 위키코먼스)

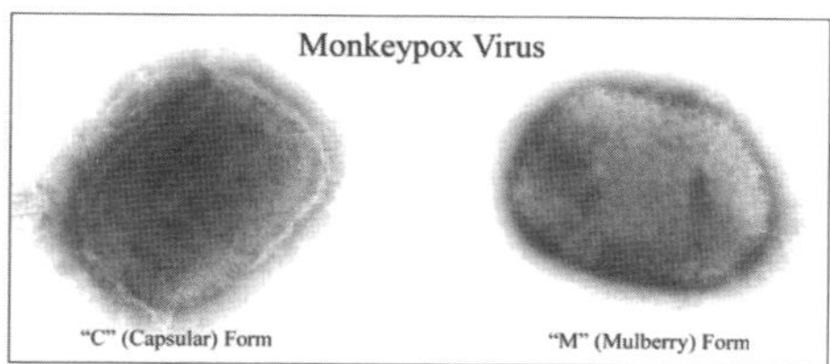

Depending on penetration of the stain, the surface of "M", (or "mulberry") virions are covered with short, whorled filaments, while "C", (or "capsular") form virions penetrated by stain present as a sharply defined, dense core surrounded by several laminated zones of differing densities.

2

인수공통감염병의 역사로 본 바이러스의 생존전략

인수공통감염병의 역사는 인류와 함께였습니다. 기원 이래 수많은 인류를 희생시킨 팬데믹인 '흑사병'과 '스페인독감', '홍역'이 인수공통감염병이고 1980년대 등장 이후 여전히 정복되지 않은 에이즈와 우리나라에서도 많은 희생자가 나온 메르스와 이번 코로나19 역시 동물로부터 유래됐습니다.

인수공통 감염병이 모든 전염병의 시작이라는 주장이 과언이 아닌 이유입니다. 수많은 희생자를 냈지만 1977년 마지막 발병을 끝으로 더 이상 자연발병 사례가 없는 천연두처럼 인간만이 걸리는 감염병이라면 박멸이 가능하지만 인간과 동물이 함께 감염되는 병은 그 제어가 매우 어렵기 때문입니다. 결국 모든 동물을 없애지 않는 한 완전히 근절할 수 없습니다.

이런 인수공통감염병은 최근 들어 더 증가세를 보이고 있습니다. 실제 20세기 이후 발생한 신종 전염병의 60% 이상은 동물에서 유래됐고 현재도 감염 가능성이 있는 인수공통감염병은 전 세계적으로 250여 종에 이릅니다. 특히 인수공통감염병의 대부분을 차지하는 바이러스에 의한 질병의 경우 발병 빈도가 높은데다 진행 속도가 매우 빠르고 변이마저 활발하게 이뤄지기 때문에 더 대응하기 어려운 것이 사실입니다.

바이러스는 생물종들 사이 장벽을 넘어서 끊임없이 진화를 거듭하기 때문입니다. 지속적인 변이 전략으로 다양한 숙주에 감염될 수 있도록 종간 장벽을 넘나드는 것Spillover입니다. 설치류나 새, 박쥐, 침팬지 등에서 인간으로, 종에서 종으로 개체를 옮겨다니며 변이를 일으키며 호시탐탐 언제든 대유행을 일으킬 기회를 노리고 있습니다.

새로운 인수공통감염병이 계속 출현하고 문제를 일으키는 이유가 여기 있습니다. 또 야생동물만 바이러스를 옮기는 것도 아닙니다. 가장 흔한 인수공통감염병으로는 광견병이 있습니다. 사람들의 인식과 달리 광견병은 개를 포함한 거의 모든 포유동물이 매개체가 될 수 있지만 인간에게 직접 옮기는 동물은 개가 압도적으로 많습니다. 보통 숙주의 타액을 통해 전염되는 이 병은 일단 잠복기가 끝나고 증상이 시작되면 치사율이 거의 100%인 무시무시한 질병입니다. '미친개에 물리면 약도 없다'는 말이 괜히 나온 말이 아닙니다.

1998년과 1999년 말레이시아를 중심으로 동남아시아에서 속출했던 뇌염 환자는 돼지에게서 유래된 니파바이러스Nipah virus가 원인이었습니다. 박쥐를 시작으로 돼지를 거쳐 사람에게 옮겨갔습니다. 치사율은 75%에 달합니다. 이밖에 닭과 오리를 포함한 새는 스페인독감에서 유래한 뒤 새에게 건너갔다 다시 인간을 감염시킬 수 있는 고병원성 조류독감 바이러스Avian influenza virus를, 말은 급성 호흡기와 발열 증상을 일으키고 뇌수막염으로 진행되기도 하는 헨드라 바이러스Hendra virus를 가지고 있습니다.

이런 인수공통감염병은 산업화 이후 점점 야생동물의 서식지가 줄어들고 있는 데다 반려동물을 키우는 가구가 늘면서 동물과 사람 간의 접촉이 더 늘어남에 따라 확산위험이 커지는 추세입니다. 미국 조지타운대 생물학과, 국제 보건과학·안전연구센터 등은 네이처지를 통해 2070년까지 최소 1만5,000가지의 새로운 이종 간 바이러스성 감염병이 나타날 것이라는 연구 결과를 내놨습니다. 우리가 알든 알지 못하든 앞으로 하루에 한 개꼴로 나올 수 있다는 겁니다.

결국 인수공통감염병은 언제든 예상치 못하는 곳에서 불쑥 튀어나올 수 있다는 점 때문에 더 위험합니다. 기존의 질병들은 '위험하니까 조심하자'라고 경계할 수 있지만 인수공통감염병은 전혀 예상치 못했던 곳에서 갑자기 발생하는 경우가 많습니다. 신종 바이러스 대부분은 문제가 됐던 바이러스가 아닌 동물에서 유래해 예기치 못한 큰 문제로 발전하기 때문입니다.

코로나19의 원조인 코로나바이러스 역시 2002년 사스 코로나바이러스가 출현하기 전까지는 기껏해야 감기 증상만 일으켰기 때문에 의학계에서 연구 대상으로 주목받지 못했습니다. 많은 사람들이 코로나

19가 갑자기 툭 튀어나온 바이러스라고 생각하지만 기존에 이미 빈번하게 발견되는 신종 바이러스 가운데 하나였던 겁니다.

결국 바이러스 대비는 선택과 집중이 아니라 모든 바이러스에 대해 빠짐없이 연구해야 하지만 한정된 예산과 자원으로는 불가능한 것이 사실입니다. 자연계에는 우리가 알지 못하는 수많은 바이러스가 존재하지만 대부분은 아직 정체가 불분명합니다. 이미 알려진 바이러스를 연구하는 것도 중요하지만 비병원성 바이러스를 포함해 총체적으로 연구하는 것이 또 다른 팬데믹을 막을 수 있는 첫발이 될 수 있습니다.

자료사진 인수공통감염병 개념도(출처: 위키코먼스)

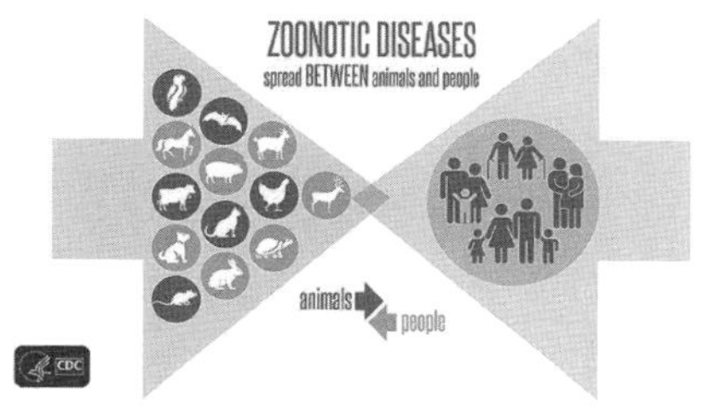

3

인류를 위협하는 동물계 바이러스… 제2, 제3의 코로나19 후보는?

인수공통감염병이 무서운 것은 여전히 연구되지 않은 미지의 바이러스가 엄청나게 많기 때문입니다. 대부분의 바이러스들이 동물의 몸에서 숨어 있지만 사람에게는 비병원성이라는 이유로 연구대상에서 제외되는 경우가 많습니다. 인간에게 전염되는 바이러스가 한정돼 있다는 이유지만 만약 변이를 일으켜 종간장벽을 넘을 경우 끔찍한 결과를 초래할 수 있습니다.

대표적인 예가 개와 고양이가 걸리는 파보 바이러스parvo virus입니다. 배설물을 통해 전염되는 파보바이러스는 한번 걸리면 설사와 구토, 탈수, 백혈구감소증, 패혈증 등을 동반한 여러 합병증을 일으키며 빠르면 몇 시간 안에 급사하게 되는 치명적인 전염병입니다. 치사율은 70~80%에 달합니다. 현재까지는 인간 감염 사례는 발생하지 않았지만 종간장벽을 넘어선 사례는 이미 보고된 바 있습니다.

2008년 중국 베이징 실험동물 센터에서 고양이 파보바이러스가 변이를 일으켜 한 달 만에 붉은털원숭이와 게잡이원숭이 130마리가 폐사한 겁니다. 2살 미만의 어린 원숭이 가운데 70%인 200마리가 감염됐고 절반이 죽었습니다. 성인 원숭이 역시 300마리가 감염됐고 이 가운데 10%가 죽었습니다.

헤르페스 바이러스의 일종인 마렉 바이러스를 통해 닭들에게 전염되는 마렉병Marek disease도 주의해야 할 동물 감염병입니다. 한번 감염되면 내장과 근육 피부를 가리지 않고 종양이 생겨 바이러스를 통해 전염되는 암으로 불립니다. 닭의 깃털 모낭세포에 존재하기 때문에 닭들이 날갯짓할 때 퍼지는 먼지로부터도 집단감염될 수 있습니다. 전염성이 높고 한번 감염된 닭은 한 달 안에 림프종으로 모두 폐사하게 됩니다. 만약 똑같은 일이 사람에게 일어난다면 정말 상상하기도 싫은 결과를 가져올 수 있습니다.

이 밖에도 캥거루를 실명하게 만드는 월럴 바이러스Wallal virus, 소의 혀가 파랗게 변하는 블루텅 바이러스Bluetongue virus등도 무서운 바이러스입니다. 특히 이들 바이러스는 바이러스의 게놈 구조가 분절형인 만큼 변이가 잘 일어나는 특징을 가지고 있습니다. 결국 인간에게 감염되는 바이러스로 변이할 가능성이 있다는 뜻이기도 합니다.

동물뿐만 아니라 곤충들이 옮기는 전염병도 경계 대상입니다. 진드기에 물려 감염되는 중증열성혈소판감소증후군SFTS과 모기를 매개로 하는 지카바이러스Zika virus는 이미 우리나라에서도 발생했습니다.

먼저 SFTS는 우리나라에서만 매년 평균 200명 넘게 감염되고 30명 넘게 숨지는 질병입니다. 2020년 8월에는 응급실에 실려온 SFTS 응급환자를 치료하던 경북대병원 의사와 간호사 5명이 집단감염된 적도 있습니다.

주로 모기를 통해 전염되는 지카바이러스 역시 1947년 우간다의 지카 숲에 살던 원숭이에서 처음 발견된 뒤 풍토병으로 존재했지만 2015년 중남미 국가로 번져나갔고 우리나라에서도 2016년에는 브라질을 방문했던 40대 남성이 감염된 바 있습니다. 임신한 상태에서 지카바이러스에 감염되면 태아가 소두증에 걸릴 수 있다는 점에서 관심이 집중된 바 있습니다. 같은 분야 바이러스과에는 아이노 바이러스Aino virus도 있습니다. 아이노 바이러스 역시 모기에 의해서 전염되고 주로 소와 양, 염소에게 나타나는 질병입니다. 다 자란 소는 감염되어도 무증상 감염이라 아무런 증상이 나타나지 않지만 임신한 소가 감염되면 유산이나 사산, 또는 대뇌 결손과 같은 선천성 기형을 지닌 송아지가 태어납니다.

그럼 어떤 바이러스가 제2, 제3의 코로나19가 될 가능성이 있을까요? 2005년 논문을 통해 이미 원숭이두창의 유행 가능성을 예측한 피츠버그 대학 공중보건대학원 학장이자 저명한 바이러스 학자인 도널드 버크Donald S. Burke는 세 가지 판단 기준을 제시했습니다.

첫 번째 기존에 인류 역사상 팬데믹을 일으킨 적이 있는 질병, 두 번째 동물 집단에서 큰 유행을 일으킬 수 있는 능력이 입증된 질병, 세 번째 돌연변이를 일으키거나 다른 종류의 바이러스와 재조합이 될 수 있는 바이러스입니다. 버크 박사는 이와 함께 올해 2월 전문지 기고를 통해 코로나19의 지속적인 유행 가능성을 점치면서 역인수공통감염병의 위험성을 경고했습니다.

이미 박쥐에서 인간으로 온 코로나19가 다시 인간에게서 동물로 감염되는 방식을 통해 새롭게 진화할 수 있다는 주장입니다. 다시 동물 유전자를 거쳐 재조합된 새로운 코로나19가 유행할 가능성입니다. 인간에서 동물로 다시 인간으로 전염되는 변이는 기존의 모든 백신과 치료제를 무력화 시킬 가능성이 있습니다. 새로운 재앙입니다.

자료사진 파보바이러스에 걸린 강아지(출처: 위키코먼스)

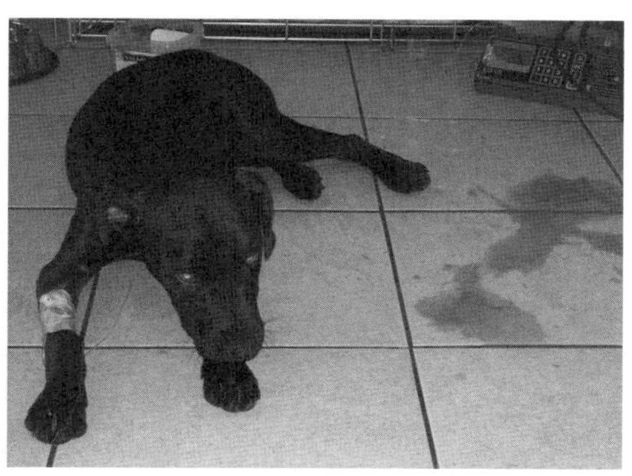

4

인간 광우병은 정말 선동일 뿐이었을까?…
국내 20대 CJD 의심환자의 등장

변종 크로이츠펠트 야콥병, vCJD[Varient Creutzfeldt-Jakob Disease]를 아시나요? 너무 생소하다고요? 그럼 인간 광우병은 어떤가요? 맞습니다. 이명박 정부 시절 전 국민이 촛불을 들고 거리로 나오게 했던 그 인간 광우병 논란입니다. 인간 광우병 역시 인수공통감염병의 하나로 분류됩니다. 다만 기존의 인수공통감염병과는 달리 바이러스에 의해 전파되는 것이 아니라 광우병에 걸린 소의 부산물에 있던 변형프리온단백질[PrPsc]을 먹었을 때 생길 수 있다는 점이 특징입니다.

1996년 처음 확인된 이 인간 광우병은 2008년 뒤늦게 우리나라에서 논란이 됐습니다. 2008년 4월 이명박 정부가 한미 FTA의 일환으로 쇠고기 전면 개방과 검역기준 하향을 내용으로 한 한미 쇠고기 2차 협상을 타결하면서 전국에서 촛불이 타오르기 시작한 겁니다. 여기에 MBC

PD수첩의 광우병 보도가 기름을 부었습니다.

지금이야 우리나라가 미국산 소고기의 최대 수입국이 됐지만 당시에는 미국산 소고기에 대한 불신은 그야말로 하나의 문화현상이었습니다. 시위에 나선 사람들에게는 미국소를 먹으면 인간 광우병에 걸려 죽는다는 인식이 파다했습니다. 시위대는 "뇌 송송 구멍 탁", "미친 소 너나 먹어" 같은 구호를 외쳤고 "미국소를 먹느니 차라리 청산가리를 입에 털어넣겠다"는 발언까지 나왔습니다.

하지만 미국산 소고기 수입이 본격화된 이후에도 인간광우병에 걸린 환자는 나오지 않았고 결국 광우병 시위는 대중들이 루머에 얼마나 취약한지와 선동의 위험성을 보여주는 사례로 평가되고 있습니다.

그렇다면 인간 광우병의 위험은 완전히 사라진 것일까요? 그렇지 않습니다. 미국소를 먹고 안 먹고 하는 것과 별개로 인간 광우병은 여전히 실존하는 위험입니다. 먼저 인간 광우병이 무엇인지 정확하게 짚고 넘어갈 필요가 있습니다. 인간 광우병, 즉 vCJD로 불리는 변종 크로이츠펠트야콥병은 주로 60세 이상에서 자연 발생하는 광우병의 인간 버전인 기존의 CJD 그러니까 크로이츠펠트야콥병과 달리 발병 원인으로 주로 20대의 젊은 연령대에서 발생합니다. (전 세계 평균 발병 연령 28살) 겉으로는 치매 증상과 비슷하지만 발현 속도가 수 개월로 빠른 것이 특징입니다.

초기에는 인지장애 증상을 보이다 결국 뇌가 광범위하게 파괴되어 스펀지처럼 구멍이 뚫리면서 기능을 잃게 됩니다. CJD와 vCJD 모두 퇴행성뇌질환이지만 CJD는 노화에 따른 유전자 돌연변이가 원인인 질병이고, vCJD는 광우병에 걸린 소의 부산물을 먹어서 걸리는 인수공통감염병으로 분류됩니다.

한미 FTA를 계기로 미국이 타깃으로 지목되긴 했지만 사실 vCJD는 영국에서 처음 발견됐습니다. 영국은 1990년대 같은 소의 부산물인 육골분을 먹고 매달 광우병에 걸린 소 수 십만 마리가 나올 때만 해도 별다른 조치가 없었지만 1995년 첫 환자가 나온 뒤 상황이 바뀌었습니다.

실제 환자에게서 바이러스가 아닌 변형프리온단백질PrPsc이 발견되면서 종간장벽을 뛰어넘는 인수공통감염병으로 확인됐기 때문입니다. 이후 영국에서만 2021년 8월까지 178명이 vCJD 환자로 확인됐고 모두 숨졌습니다. 또한 미국을 포함해 다른 국가에서도 50건이 넘는 vCJD가 발생했습니다. 그렇다면 우리나라는 이런 vCJD에서 안전한 나라일까요? 통계로만 보면 그렇습니다. CJD와 vCJD 환자를 집계하는 통계가 시작한 2011년 이후 500명이 넘는 의심 환자가 나왔지만 공식적으로 vCJD로 확인된 환자는 단 한 명도 없습니다.

하지만 안심할 수는 없습니다. CJD와 vCJD 모두 환자가 숨진 이후 부검을 통해 뇌조직을 떼어내 조직 검사를 해야만 공식적으로 확인할 수가 있지만 vCJD는 물론 CJD 의심 환자들조차 숨진 뒤 뇌조직 검사를 하는 비율은 2%밖에 되지 않습니다. vCJD가 의심되더라도 가족이 부검을 원하지 않으면 확인할 수 있는 방법이 없는 겁니다. 다만 그동안 방역당국은 국내의 경우 실제 vCJD 환자가 발생했던 20대에서 의심 환자가 등록된 경우는 없는 만큼 국내 vCJD의 발생 가능성은 드물다고 판단해 왔습니다.

하지만 상황이 바뀌었습니다. 단독 취재한 바에 따르면 2021년 처음으로 해외 사례처럼 vCJD가 의심되는 20대 의심 환자도 나왔기 때문입니다. 2021년 5월 인천성모병원에서 진단받은 95년생 황 모씨입니다. 당시 27살로 가정주부인 황 씨는 건망증 증상이 시작된 뒤 한 달 만에 말까지 어눌해졌고 가족도 못 알아보게 됐습니다. 진단과정에서 찍은 뇌 MRI에도 흰색물질이 2개 발견됐습니다. 이후 질병관리청 인수공통감염병 담당과에서 역학조사를 거쳐 4개월 만인 9월 황 씨를 최종 CJD 의사환자로 등록됐습니다.

우리나라에서 20대가 CJD 의사환자로 등록된 최초 사례입니다. 아직까지 황 씨가 앓고 있는 질병이 CJD인지 아니면 vCJD인지는 확정되지 않았습니다. 구체적인 발병원인과 감염경로 역시 미확인 상태입니다. 하지만 전 세계적으로 20대에서 CJD가 발병한 사례가 극히 드문 만큼 현재로서는 임상학적으로는 vCJD가 강하게 의심되는 상황입니다. 방역 당국 역시 일반 CJD가 아닌 vCJD 가능성에 대해 주의 깊게 관찰하고 있습니다. 만약 vCJD로 최종 확진 판정을 받게 되면 우리나라도 인간광우병 안전지대가 아니라는 것이 처음으로 확인되기 때문입니다. 우리가 주의 깊게 지켜봐야 할 인수공통감염병이 다시 하나 늘어나는 겁니다.

자료사진 vCJD 환자의 뇌에서 변형프리온단백질이 쌓여서 생긴 아밀로이드 플라그

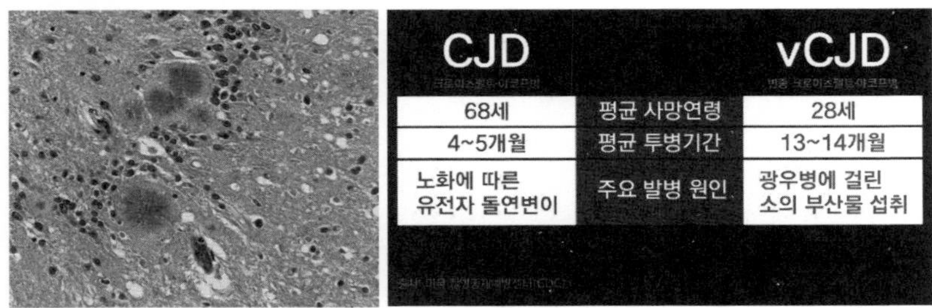

5

박쥐는 왜 인수공통감염병의 기원이 됐나?

코로나19 진원지에 대해 아직 과학적으로 증명된 것은 없습니다. 하지만 중국 우한의 '화난 수산물시장'에서 박쥐와 천산갑을 비롯해 100종이 넘는 각종 이색 야생동물들이 코로나19 이전부터 거래되어온 것은 사실입니다. 그리고 많은 과학자들이 이 동물들 가운데 박쥐가 코로나19 바이러스의 가장 유력한 기원이라는 데 동의합니다. 박쥐에게서 시작한 코로나19 바이러스가 중간숙주(매개체) 동물을 거친 후 인간에게 전파됐다는 설이 유력합니다.

실제 관박쥐에서 발견된 바이러스는 변이를 일으키기 전 코로나19 바이러스의 유전자 정보와 96% 일치하는 것으로 나타났습니다. 박쥐는 사실 전부터 유명했습니다. 2003년 사스SARS와 2015년 메르스MERS를 떠올려보죠. 당시 상황도 지금과 크게 다르지 않았습니다. 사스가 사향고양이를 메르스가 낙타를 거치긴 했지만 모두 시작은 박쥐였습니다.

에볼라 바이러스와 니파 바이러스 등 주요 전염병 병원체 역시 박쥐를 시작으로 퍼졌습니다. 사실 박쥐는 '바이러스의 저수지'라는 별명이 있습니다. 박쥐는 200종 이상의 바이러스가 모인 '저수지'이고, 세계적인 감염병을 일으킨 바이러스의 원형은 대부분 여기서 흘러넘친 바이러스입니다.

그럼 박쥐는 왜 이렇게 다양한 감염병 바이러스를 보유하게 됐을까요? 그리고 박쥐가 가지고 있는 바이러스에 전염된 인간들은 픽픽 쓰러지지만 어째서 박쥐는 멀쩡한 걸까요? 이 질문에 대해 답하려면 먼저 박쥐가 살고 있는 독특한 생태환경을 알아야 합니다. 포유류 가운데 유일한 날짐승인 박쥐는 진화역사가 가장 오래된 포유류 가운데 하나입니다. 지난 1억 년 동안 극지방을 뺀 세계 곳곳에 퍼져 1,200여 종으로 진화했습니다. 전체 포유류 종의 1/5을 차지할 만큼 다양합니다.

이런 박쥐는 사회성이 매우 뛰어납니다. 그리고 많은 시간 동안 함께 무리 지어 다닙니다. 대부분 군락을 형성해 생활하고 많게는 1천만 마리 넘게 모입니다. 제곱미터당 300마리 넘게 옹기종기 모일 수 있습니다. 결국 개체 특성상 한번 전염병이 돌면 급속히 확산될 수밖에 없는 구조입니다. 때문에 박쥐는 바이러스에 맞서 싸우는 대신 공존을 선택했습니다. 일반 포유류는 바이러스에 감염되면 바이러스를 없애기 위해 면역반응을 한 단계 끌어올리지만 박쥐는 그렇지 않습니다.

바이러스에 걸려도 적당한 면역반응을 유지합니다. 면역체계의 과잉 반응과 바이러스의 악영향을 동시에 누르는 절묘한 균형을 터득한 겁니다.

포유류 가운데 유일한 비행 능력 역시 신진대사율을 높여 박쥐에게 높은 항바이러스 능력을 주었습니다. 체온이 다른 포유류보다 2~3도 정도 높다 보니 바이러스들이 유독 박쥐에게는 약해지는 면모를 보입니다. 결국 집단생활과 효율이 매우 뛰어난 대사 과정과 면역계의 3박자가 박쥐는 인수공통감염병의 슈퍼스타로 만든 겁니다.

특히 박쥐는 포유류이기 때문에 사람과 이종 간 바이러스 교차 장벽 자체가 아주 낮은 점도 한몫을 하고 있습니다. 이 때문에 과학자들은 박쥐가 지닌 바이러스의 엄청난 다양성과 폭넓은 지리적 분포로 볼 때 세계적 발병사태가 점점 더 늘어날 거라고 경고하고 있습니다.

그렇다면 박쥐는 모기처럼 반드시 없애야 하는 생물종일까요? 그건 아닙니다. 박쥐는 생태계에서 매우 중요합니다. 농사를 망치는 해충들을 잡아먹고 바나나와 아보카도 등 식물의 꽃가루를 옮겨주는 역할도 합니다. 열매를 먹고 씨앗을 퍼트려 열대림 복원에도 필요한 존재입니다. 오히려 박쥐 입장에서는 인간이 가장 큰 위협입니다. 박쥐들 역시 인간이 초래한 서식지 파괴와 기후 변화를 겪고 있고 중국을 비롯한 동남아시아권에서는 요리 재료로서 사냥당하고 있습니다.

박쥐가 가져온 전염병은 어쩌면 인간에 대한 경고장일지도 모릅니다. 박쥐와 인간이 종 대 종 대표로 토론장에 앉아서 대화를 나눈다고 하면 어쩌면 박쥐가 사람에게 이렇게 속삭일지도 모르겠습니다. "조용히 살고 있는 나를 건드리면 안 되는 거 뻔히 알면서 자꾸 이런 식으로 나오면 곤란하지. 잊었나 본데 아직 큰 거 여러 방 더 있어."

자료사진 다양한 종류의 박쥐(출처: 위키코먼스)

6

커지는 동물계 바이러스의 인간전염 가능성…'원헬스'의 중요성

지구 입장에서 보면 인류의 발생은 최악의 위기일 수 있습니다. 멀리 가이아 이론까지 갈 것도 없이 기존의 동식물들은 개체 수가 늘어나더라도 천적의 등장이나 자체적인 유전자 시스템에 의해 숫자가 조절되지만 오직 인류만이 끊임없는 성장만을 추구하며 다른 생물들의 영역을 침범하고 있기 때문입니다.

호모 사피엔스라는 인류는 기원 이래 문명의 이기를 활용해 지구 곳곳에서 빠른 속도로 도시를 건설하며 이동 수단을 발달시켜 전 세계를 연결했습니다. 이러한 도시화와 산업화, 농지 개발 등과 같은 인간 활동은 생태계를 교란하고 파괴로 이어질 수밖에 없죠. 그리고 그 개발 속도는 점점 빨라지고 있습니다.

인류세Anthropocene의 기점으로 꼽히는 1950년대 세계 인구는 25억 명 정도였지만 불과 70년이 지난 지금 3배가 넘는 77.5억 명 정도가 살고 있습니다. 우리는 그만큼 인간의 영토를 넓혔고 야생동물의 서식지는 파괴됐습니다. 생태학적 맥락에 따르면 인간은 수많은 동식물과 미생물이 살고 있던 영역을 광범위하게 침범하게 된 겁니다.

현재 지구 전체 토지에서 인류의 영향을 받지 않은 토지는 전체의 28%에 불과하고 이마저도 빠르게 농지로 바뀌고 있습니다. 생물다양성과학기구IPBES는 "2050년이 되면 전체 토지 면적의 약 10%만이 온전한 자연 상태를 유지할 수 있을 것이다"라는 연구 결과를 발표한 바 있습니다.

결국 이러한 변화가 바로 인수공통감염병의 확산을 부채질하고 있습니다. 서식지를 잃은 야생동물이 인간이 사는 곳으로 침입하면서 야생동물에서 유래된 감염병에 사람이 노출되는 확률이 높아지고 있는 겁니다. 그리고 사실 지구 기원과 함께해온 바이러스 입장에서는 인간이라는 존재는 새롭고 매력적인 숙주일 수밖에 없습니다. 동물과 달리 좁은 땅에 옹기종기 모여 살고 한번 퍼지면 서식지와 국경 구분 없이 빠르게 전파가 가능합니다.

그리고 바이러스가 의도적으로 인류를 노리는 것 역시 아닙니다. 굳이 따지자면 인류가 바이러스에게 다가간 것이죠. 『인수공통, 모든 전염병의 열쇠』 저자인 데이비드 콰먼은 이러한 현상에 대해 "언제나 새로운 숙주와 복제기회를 찾는 병원체들에게 인간은 너무나 자주 초대장을 보내고 있다"고 꼬집었습니다. 그리고 이런 초대장에 응한 신종 전염병은 시간이 갈수록 더 늘고 있습니다.

코로나19뿐만 아니라 박쥐에 있던 바이러스가 사향고양이로 옮겨진 뒤 다시 사람에게 전파돼 발생한 전염병인 사스SARS(중증급성호흡기증후군), 이른바 '돼지독감'으로 불렸던 신종플루(2009년), 박쥐에서 전염된 에볼라 바이러스(2014년), 낙타가 매개체인 중동호흡기증후군MERS(메르스)(2015년), 모기에서 발생한 지카 바이러스(2016) 등 최근 발생한 신종 전염병은 대부분 인수공통감염병입니다.

온난화로 인한 기후 변화 역시 바이러스 확산에 한몫하고 있습니다. 더 더워지고 습해진 지구는 바이러스가 더 광범위하고 빠르게 확산할 수 있는 환경으로 변하며 전염병의 대유행 가능성을 높이고 있습니다. 이런 우려가 현실이 된 사례도 있습니다. 기후 변화로 2016년 러시아 시베리아 야말반도의 영구동토층이 녹으면서 75년 전 탄저병으로 죽은 순록 사체가 노출되며 일대 약 2,300마리의 순록이 떼죽음을 당했고 소년 1명도 숨졌습니다.

과학자들은 이대로 온난화가 가속되면 시베리아 빙하 속에 천연두와 선페스트균 등 수많은 바이러스가 다시 유행할 수 있다고 경고하고 있습니다. 세계보건기구WHO 역시 지구의 평균 기온이 1도 올라갈 때마다 전염병이 4.7% 늘어난다고 분석하고 있습니다. 때문에 우리는 앞으로 다가올 감염병을 통제하기 위해서는 인간과 동물 그리고 환경의 건강을 하나로 묶는 '원헬스One Health'라는 새로운 개념을 활용해 패러다임을 바꿔야 합니다. 사람과 동물, 식물들이 공유하는 환경 간의 상호작용을 인식하여, 최적의 보건·건강 결과를 달성하기 위해 마을, 지역, 국가 및 전 지구적 수준에서 작동하는 협업적이고 다분야적인 초학제적 접근 방식(미국질병통제예방센터, CDC 정의)이 필요한 겁니다.

결국 인간의 건강, 동물의 건강, 환경의 건강 사이의 상호 의존성에 고려해 감염병 위기에 대한 대응을 의학은 물론 수의학과 환경과학을 포함하는 다양한 학문 분야로 확대할 필요가 있습니다. 인류는 생태계 안에서만 생존할 수 있고 결국 생태계의 건강에 대해 고민하지 않을 수 없습니다. 인류만의 생존과 발전은 불가능한 만큼 동물과 공생하고 환경과 공존하는 지속가능성을 고민해야 하는 겁니다.

세계경제포럼WEF은 앞으로 10년간 인류에게 영향을 끼칠 전 세계적 위험을 선정하며 영향력은 감염성 질환을, 발생 가능성은 기후 재앙 즉 극단적인 기상변화를 꼽았습니다. 결국 인간 중심적 사고에서 벗어나 동물과 환경이 건강해야 사람도 건강할 수 있습니다. 모든 생명은 서로 연결돼 있다는 사실을 잊어서는 안 됩니다. 그리고 그 해결의 열쇠는 우리 자신이 쥐고 있습니다.

15

코로나19가 남긴 숙제들… 지구는 일회용품이 아니다

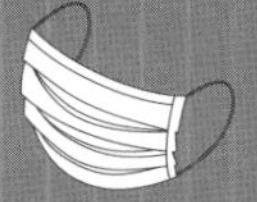

1

RE100? 택소노미?… '남일 아닌' 기후변화 위기대응 키워드

우리는 앞서 기후 변화가 바이러스 확산을 영향을 끼치고 있다는 사실을 살펴봤습니다. 더워지고 습해진 지구는 바이러스의 증식을 불러오고 있죠. 코로나19 역시 온실가스 배출이 박쥐가 선호하는 산림 서식지의 확대를 통해 중국 남부를 코로나19 바이러스의 '핫스폿hotspot'으로 만들었기 때문에 확산한 거란 주장도 있습니다.

우리가 기후 변화에 대한 대응 수위를 높여야 하는 이유가 하나 더 늘어난 겁니다. 이런 기후 변화에 대한 논의는 지난 대선후보 TV토론에서도 회자가 됐습니다. 첫 대선후보 TV토론에 기후 변화 위기 대응 관련 단어들이 쏟아지면서 사람들의 관심을 모았죠. 'RE100', '택소노미'에서 '블루수소'까지 평소 관심이 있던 사람들에게는 익숙하지만 일반인들은 '이게 무슨 말이지?' 했을 단어들입니다.

하지만 이 단어들에는 이제는 우리 생활에서 떼려야 뗄 수 없는 중요한 변화가 들어있습니다. 바로 전 지구적 난제인 온난화에 따른 기후 변화를 막기 위한 대응책입니다. 특히 우리나라 혼자 결정한 것이 아닌 국제사회의 약속이기도 합니다. 그럼 하나씩 살펴보겠습니다.

◇ RE100

리백? 알이백? 영어다 보니 발음이 헷갈리는 RE100은 Renewable Energy 100의 약자입니다. 우리 말로는 재생에너지 100% 정책으로 해석되는데 2050년까지 기업에서 사용하는 전력의 100%를 풍력이나 태양광 등 재생에너지로 대체하자는 국제 프로젝트의 하나입니다. 2014년 영국의 다국적 비영리기구인 '더 클라이밋 그룹'에서 시작한 것으로 글로벌 기업들의 자발적인 참여로 진행되는 일종의 캠페인이라는 점에서 의미가 깊습니다.

현재 전 세계적으로 애플과 구글, 스타벅스 등 349개 기업이 등록했고 우리나라의 한국수자원공사와 SK그룹, LG에너지솔루션 등 20여 개 기업이 참여하고 있습니다. 이미 애플과 구글 등 61개 기업은 목표를 달성한 상태입니다.

◇ 택소노미

택소노미는 그리스어로 분류하다taxis라는 단어와 과학nomos이 합쳐진 말입니다. 이 택소노미는 보통 앞에 그린이 붙는데요. 감이 오시나요? 맞습니다. 역시 탄소중립을 목표로 기후 변화에 대한 대응체계의 일환입니다. 녹색 산업을 뜻하는 그린Green과 분류학을 뜻하는 택소노미Taxonomy가 합쳐져 환경적으로 지속가능한 경제 활동의 범위를 정하는 건데요. 시작은 유럽연합인 EU가 내디뎠습니다.

EU 택소노미에 따르면 기업활동은 기후 변화 완화, 기후 변화 적응, 수자원의 지속 가능한 이용과 보호, 순환 경제로의 전환, 오염방지 및 관리, 생물 다양성과 생태계의 보호 및 복원 등 6개의 환경 목표를 달성하는 데 이바지해야 합니다. 유럽이 친환경 경제 분야에서 선두주자격이다 보니 EU가 정한 기준이 현재 국제기준으로 자리 잡았습니다. 우리나라도 EU 기준을 참고해 K-택소노미를 만들었습니다.

◇ 블루수소

사실 수소는 색깔이 없습니다. 기체 상태거나 초저온으로 액체로 바뀌어도 말이죠. 블루수소라는 것은 실제 색깔이 아닌 생산방식에 따른 분류입니다. 보통 그레이, 블루, 그린으로 구분되는데요. 블루수소를 알기 위해서는 먼저 그레이수소를 알아야 합니다. 그레이수소는 수소생산 과정에서 이산화탄소가 발생하는 수소를 말합니다. 이를테면 석유화학 공정이나 철강 등을 만들 때 발생하는 부산물로 나오는 수소나 천연가스 개질 등을 말하는 겁니다. 천연가스 개질은 천연가스를 고온·고압의 수증기로 분해해 수소를 만드는 방식인데 수소 1kg을 생산하는 데 10kg의 이산화탄소가 배출됩니다.

왜 그레이인지 아시겠죠? 블루수소는 그레이수소를 만드는 과정에서 나온 이산화탄소를 가둬 탄소배출을 줄이는 수소를 말합니다. 전문

용어로 CSSCarbon Capture and Storage(이산화탄소 포집 저장 기술)를 이용해 대기 중으로 배출하지 않습니다. 마지막으로 그린수소는 가장 탄소 발생이 적은 수소에너지로 재생에너지에서 생산된 전기로 물을 전기분해해 수소를 생산하는 방식입니다.

그럼 이 RE100과 택소노미, 블루수소가 왜 중요한 걸까요? 이미 아셨겠지만 모두 지구온난화를 막기 위한 국제적 약속이 담겨있기 때문입니다. 이걸 지키지 않으면 우리나라는 국제사회에서 이른바 왕따가 될 수밖에 없습니다. 실제 RE100은 자율협약이긴 하지만 글로벌 기업들이 협력업체에까지 RE100에 대한 동참을 강요하면서 국내 기업에게는 생존전략으로서 선택 아닌 필수로 바뀌고 있습니다.

KDI 연구결과 RE100에 동참 안 하면 우리나라의 디스플레이 수출액은 40%가 줄고 배터리는 31%, 반도체 15% 감소하는 것으로 조사되기도 했습니다. 택소노미 역시 산업계에 미칠 파장이 큰 분야입니다. 이 택소노미에 따라 글로벌 녹색채권 등 수십, 수백조 원의 친환경 자산 투자가 영향을 받습니다. 최근 EU가 우리나라와는 반대로 택소노미에 원전을 추가한 것도 변수입니다. 블루수소 역시 화석연료에서 벗어나 신재생에너지 기반의 사회로 전환하기 위해 가장 핵심으로 꼽히고 있는 대체재인 수소를 어떻게 이용할지 결정해야 하는 중요한 요소 가운데 하나입니다.

2

집콕 생활과 함께 늘어난 재활용쓰레기…
당신의 분리수거력은 얼마?

코로나19가 길어지면서 집콕 생활과 함께 늘어나는 것들이 있습니다. 비대면 생활의 산물인 택배와 배달음식에서 나오는 재활용 쓰레기들입니다. 코로나19 이후 재활용 쓰레기 선별센터마다 처리해야 할 물량이 많게는 20%가 늘었다고 합니다. 그러면 여기서 문제. 우리나라는 분리수거를 얼마나 잘하고 있을까요? 통계만 따지면 한국은 전 세계에서 가장 재활용을 잘하는 나라입니다.

2019년 기준 분리수거율은 87.1%에 달합니다. 하지만 분리수거율이 실제 재활용률은 아닙니다. 환경부가 조사한 국내 폐기물 처리 현황에 따르면 분리 배출된 플라스틱의 재활용률은 30%대에 불과합니다. 매일같이 재활용을 위해 실천한 분리수거가 헛수고였을 수 있다는 의미입니다.

쓰레기 종량제와 분리배출 제도는 지난 1995년 본격 도입됐습니다. 당시만 해도 쓰레기를 돈 내고 버리는 것에 불만이 나왔지만, 이제는 생활 쓰레기를 담아 모은 종량제 봉투와 이런저런 재활용품을 따로 모아 분리수거하는 것은 일상이 됐죠. 그런데 여러분은 지금 버리는 그 재활용 쓰레기에 당당하신가요? 앞서 보셨듯이 제대로 알지 못하면서 감으로 버리거나 혹은 그동안 맞다고 착각하고 잘못 버려온 쓰레기가 많습니다. 또 한 번 잘못 안 후 계속 엉뚱하게 분리 배출해서 다른 쓰레기까지 재활용이 안 되거나 더 큰 수고로움이 들게 하는 때도 있습니다.

아무리 열심히 재활용 쓰레기를 분리 배출한다고 해도 실제로 재활용할 수 없다면 무용지물일 수밖에 없습니다. 여기 간단하게 '분리수거력'을 늘리는 방법이 있습니다. 바로 비대면 온라인 프로젝트팀 TRASH FRIENDS(트래쉬 프렌즈)가 만든 '분리수고력(분리수거 + 사고력) 테스트'입니다. (https://bit.ly/trash_friends) 테스트를 통해서 종이 빨대와 치킨 박스 기름종이는 재활용해야 할지 아니면 생활 쓰레기로 버려야 할지와 알루미늄 캡과 포일은 어떻게 분류해야 할지 등을 알아볼 수 있습니다.

편의점과 배달음식, 소포, 생활용품 등 4가지 상황별로 20개의 문제가 있는데 점수에 따라 레벨 1부터 레벨 8까지 구분됩니다. 질문마다 5점씩으로 19개 이상 맞추면 〈분리수'거장'의 수고〉 타이틀을 얻을 수 있습니다. 참고로 참가자들은 평균 13문제에서 14문제를 맞춰서 레벨 5라고 합니다. 물론 테스트가 끝난 뒤 정답을 확인하는 센스도 필요합니다.

심화 과정을 좀 더 알고 싶다 하시는 분들도 있겠죠? 그런 분들은 한국환경공단이 제작한 '내 손안의 분리배출' 앱을 참고하면 항목별로 자세한 분리배출 방법을 알 수 있습니다. 또 환경부가 구축한 '자원순환 실천 플랫폼' 홈페이지를 보면 올바른 재활용품 분리배출 방법과 재활용품인 척하는 일반 쓰레기들이 소개돼 있습니다. 아울러 전국 시도 홈페이지에서 '재활용도우미'를 검색하면 현행 분리배출 규정에 따른 답을 얻을 수도 있습니다.

자료사진 재활용분리에서 분리수거력을 늘리는 분리수고력 테스트(출처: 분리수고력 테스트)

3

코로나19가 일깨워준 '지속가능한 발전'의 중요성

코로나19 팬데믹은 사람들에게 '지속가능한 발전'이라는 개념을 나와 상관없던 분야에서 '내 문제'로 만들었습니다. 코로나19는 보건 위기를 넘어서 우리 공동의 미래에 대한 위기였기 때문이죠. 코로나19로 의료체계가 무너져 초과사망이 늘었고, 아이들은 학교 대신 집에서 원격수업을 하며 학력격차가 커졌습니다. 자영업자들의 매출은 반토막이 났고 경기침체로 줄어든 매출에 구조조정을 하는 기업들도 늘었습니다. 코로나19 위기는 생존뿐 아니라 사회에 숨겨져 있던 경제, 사회 불평등을 더욱 부각시켰고, 환경파괴와 기후 위기 문제를 더욱 심화시켰습니다.

그리고 걸리느냐 안 걸리느냐만의 문제가 아니라 코로나19의 영향에서 자유로웠던 사람은 누구도 없습니다. 결국 코로나19는 우리 사회가 잠재적으로 가지고 있던 모든 문제를 한꺼번에 터트린, 누구도 피할 수 없는 핵폭탄이었습니다. 그 어느 때보다 밀접하게 연결된 우리 사회에서 지속가능한 발전을 더 이상 타인의 문제만으로 치부할 수 없는 이유입니다.

변화는 이미 시작되고 있습니다. 기업이 경제적 가치 창출을 위해 주주만이 아니라 모든 이해관계자의 요구를 고려해야 한다는 이해관계자 자본주의stakeholder capitalism는 하나의 개념이었지만 코로나19를 계기로 기업에게는 피할 수 없는 핵심의무로 부상했습니다. 과거의 기업들이 수익률 극대화만을 바라보고 주주와 투자자, 관련업체 등 직접 이해관계자에만 초점을 맞췄다면 이제는 지속가능한 발전을 위해 기업의 운영 환경을 결정하는 외부 환경인 지역사회와 자연 생태계에도 관심을 기울여야만 하기 때문입니다.

환경Environmental과 사회Social, 지배구조Governance를 함께 고려하는 이른바 ESG경영의 부상입니다. 그리고 이런 ESG 경영은 코로나19를 계기로 선택압력을 높이고 있습니다. 2020년 하버드 경영대학원 교수인 조지 세라핌George Serafeim과 스테이트 스트리트 어소시에이츠State Street Associates 소속 연구원 세 명은 팬데믹 위기 속에서 ESG를 중시한 기업이 주식시장에서 어떤 보상을 받았는지에 대해 연구하였습니다. 그 결과 ESG 중시 기업은 더 강한 기관투자자 자금 유입과 더 나은 수익률을 나타낸다는 것을 발견했습니다.

코로나19 위기 상황 속에서도 S&P500 기준 ESG를 선도한 기업은 ESG를 상대적으로 소홀히 한 기업에 비해 수익률 하락이 절반에 그쳤습니다. 이러한 결과는 소비자의 인식 변화에서 시작됐습니다. 점점 많은 소비자들이 기업의 지속가능성에 대한 평가에 따라 소비 결정을 내립니다.

국내 사례도 있습니다. 남양유업은 2013년 대리점 강매 사건을 시작으로 과대광고, 경쟁사 비방, 외조카 마약 사건 등 잇따른 논란을 일으키다 코로나19로 '불가리스 사태'까지 일으키며 소비자의 외면을 받고 57년 오너 경영이 무너졌고, 가습기 살균제 사태를 일으킨 옥시는 영국 본사 대표까지 사과에 나섰지만 매출이 1/10로 급감했고 이미지 세탁을 위해 한국 법인 회사 이름까지 바꿨습니다.

그리고 코로나19가 일으킨 지속가능성에 대한 위기는 이러한 ESG의 중요성을 더욱 강화시키고 있습니다. 세계적 자산운용그룹인 얼라이언스번스틴은 "건강과 경제, 사회, 기후의 종합적인 위기는 사람들이 기업의 권력에 반해 목소리를 낼 수 있는 분기점이 됐다"고 평가합니다. 여전히 ESG에 대한 명확한 개념 정립부터 겉으로만 ESG를 표방하는 가짜 친환경인 그린워싱Greenwashing을 막기 위한 대책 등 풀어야 할 숙제가 남아있지만 지속가능한 발전 문제는 코로나19 이후에도 우리 삶에 매우 광범위한 영향을 미친다는 것만은 분명합니다.

끝없는 끝을 향한 전쟁

초판 1쇄 인쇄 · 2022년 7월 29일
초판 1쇄 발행 · 2022년 8월 5일

지은이 · JTBC 코로나19 취재팀
펴낸이 · 천정한
펴낸곳 · 도서출판 정한책방

출판등록 · 2019년 4월 10일 제2019－000037호
주소 · (서울본사) 서울 은평구 은평로3길 34-2
(충북지사) 충북 괴산군 청천면 청천10길 4
전화 · 070－7724－4005
팩스 · 02－6971－8784
블로그 · http://blog.naver.com/junghanbooks
이메일 · junghanbooks@naver.com

ISBN 979-11-87685-75-3 03300

• 책값은 뒤표지에 적혀 있습니다.
• 잘못 만든 책은 구입하신 서점에서 바꾸어 드립니다.